# Parentalité mode d'emploi

*Recueil complet des articles de mon blog
2008-2017*

Nathalie Goursolas Bogren

Copyright © 2017 Nathalie Goursolas Bogren

All rights reserved.

ISBN-13:978-2-9560322-0-5
ISBN-10:2956032208

Merci à toutes les personnes que j'ai rencontrées au cours de ces années, qui m'ont confié leurs difficultés et qui m'ont permis d'apprendre, de réfléchir et d'articuler, jour après jour, la théorie à la pratique.
Merci de votre confiance.

# TABLE DES MATIERES

Comment motiver mon enfant pour ses devoirs ? ..................10

6 façons de structurer ses enfants : 2 efficaces ! ..................12

Renforcer les comportements positifs des enfants ..................14

Du sable dans les pages du cahier de vacances ..................16

Retour de vacances : pensez aussi à vous ! ..................17

JK Rowlings ..................19

Haro sur les coachs ! ..................20

L'épreuve des courses ..................22

Féminité et sexualisation précoce des filles ..................24

Compte-rendu de la conférence du Vésinet ..................26

L'outrecomplaisance (suite) ..................28

Autorité éducative : un investissement pour l'avenir ..................29

Parentalité : acquérir des compétences relationnelles utiles aussi dans le travail ! ..................31

5 choses dangereuses que les enfants doivent faire absolument ..................33

« Avatar » de James Cameron et l'éducation des filles ..................34

L'outrecomplaisance© : un nouveau phénomène de société ..................35

Suppression des allocations familiales: haro sur les parents!...............37

Les enfants, la fessée et les gros mots !......................................................39

L'estime de soi des enfants ...........................................................................40

Mots d'excuse : Les parents écrivent aux enseignants.........................41

L'art de peigner la girafe................................................................................42

La femme invisible fabrique-t-elle des filles invisibles ? ......................44

Parents, grands-parents : une place pour chacun..................................46

Dis maman, pourquoi tu rentres si tard?..................................................49

Football féminin : enfin la sortie du bois ? ..............................................52

Salon de beauté pour les petites filles : détournement de soins..........54

Evaluations en maternelle..............................................................................55

La téléréalité : bonne ou mauvaise pour nos filles ? .............................58

L'argent de poche............................................................................................59

L'autorité : paternelle ou maternelle?........................................................60

La gamification ................................................................................................62

Stéréotypes féminins.......................................................................................64

Sexualisation précoce des filles et jeux vidéo...........................................65

Mariage pour tous et nom des enfants .....................................................67

Réseaux sociaux et amitié : la confusion .................................................. 69

Les enfants et les écrans : ce que dit vraiment l'avis de l'académie des sciences .................................................................................................. 70

La jouvence de l'abbé Soury .................................................................... 73

Fessée ou pas fessée ? ............................................................................. 75

Le rapport Pisa ........................................................................................ 79

La théorie du genre : tout ce que vous avez voulu savoir sur la théorie qui n'existait pas ..................................................................................... 82

Faut-il jouer avec nos enfants ? ............................................................... 84

Que peut-on apprendre des parents asiatiques en matière de réussite scolaire et d'excellence ? ......................................................................... 87

Vous avez reçu le bulletin ? ..................................................................... 91

Genre et alimentation .............................................................................. 93

Dépêche-toi ! ............................................................................................ 95

Réhabiliter les conflits ............................................................................. 98

"Je te fais confiance" ............................................................................. 102

Halte au curling ! ................................................................................... 105

Uniforme à toutes les sauces ................................................................. 108

Nathalie Goursolas Bogren

# Comment motiver mon enfant pour ses devoirs ?

*Mars 2008*

J'ai donné une conférence en Haute-Savoie la semaine dernière sur la parentalité et les devoirs à la maison.
C'est une grande préoccupation de tous les parents. La plupart du temps, les parents s'en sortent plutôt bien mais il y a des cas où ils ont besoin d'aide.
Je profite de ce blog pour partager avec vous la question que m'a posée une mère de famille : Comment faire pour motiver mon fils à faire ses devoirs alors qu'il trouve que les matières ne sont pas du tout intéressantes ?
C'est une question difficile. Son fils est en cinquième au collège. Il n'a pas de difficultés particulières. Ses parents ne sont pas à la maison lorsqu'il rentre le soir. Et la première chose qu'il fait en rentrant, c'est d'aller jouer sur l'ordinateur. Évidemment, l'école et les devoirs sont beaucoup moins intéressants que les jeux en ligne, le "chat" ou la Nintendo DS.
Comment lutter ?
Comment lutter quand on rentre à 19 heures et que l'on est fatigué par une journée de travail ?
Comment lutter contre un enfant qui fait tout son possible pour vous démontrer qu'il n'a rien compris et que de toute manière, tout cela ne lui servira à rien dans la vie ?

Voilà ce que j'ai répondu à cette mère de famille dévouée qui veut le meilleur pour son fils :
La question de l'intérêt de l'école et des matières enseignées est souvent un hameçon facile que les enfants utilisent pour emmener leurs parents vers un débat sans fin qui leur évitera d'aborder la vraie question : ils n'ont pas fait leurs devoirs.

Pour éviter ces débats sans fin et les disputes incessantes, j'ai proposé à cette maman de poser une règle : " je prends mon goûter puis je fais mes devoirs. Si j'ai fait mes devoirs lundi et mardi alors je peux jouer à l'ordinateur le mercredi. Si j'ai fait mes devoirs mercredi, jeudi et vendredi, je peux jouer le samedi. »
Quand on donne à nos enfants tout ce qu'ils désirent sans poser de conditions alors ils risquent de ne pas être motivés pour travailler pour l'école.
Il est difficile de lutter contre l'attrait des consoles de jeux, des ordinateurs, de la télévision.
Nos enfants sont rarement capables de se mettre des limites seuls. D'ailleurs, la plupart du temps, ils perdent la notion du temps et ne se rendent pas compte qu'ils peuvent passer des heures à jouer.
Dans ce cas, il est important que les adultes sachent poser des limites sainement.
Si vous voulez poser des limites saines chez vous, voilà le mode d'emploi

Une bonne règle
- exprime clairement ce que l'on attend de son enfant
- est compréhensible par son enfant
- indique les conséquences positives ou négatives si l'enfant suit ou non la règle

Exemple : je fais mes devoirs après le goûter.
Conséquences positives : j'ai le droit de jouer à l'ordinateur le mercredi et le samedi
Conséquences négatives : je ne peux pas jouer à la console ou à l'ordinateur le mercredi ou le samedi.
Une règle est utile uniquement :

- si elle est suivie d'une conséquence, positive ou négative
- si l'enfant connaît la règle. Un affichage bien visible est donc fortement conseillé.

- si elle est appliquée, c'est-à-dire si vous vérifiez que les devoirs sont faits.

Et maintenant, deux questions à vous poser :
1. Mon enfant peut-il prévoir précisément ce qui va se produire s'il ne fait pas ses devoirs ?
2. Mon enfant sait-il qu'il doit accomplir certaines tâches (les devoirs) avant d'obtenir d'en faire certaines autres (sortir voir des amis, jouer, aller au cinéma...) ?

Si vous répondez non à une de ces questions, vous pouvez facilement améliorer le moment des devoirs en fabriquant une règle adaptée à vos valeurs et à votre famille.

# 6 façons de structurer ses enfants : 2 efficaces !

*Avril 2008*

Lorsque je veux exercer mon autorité auprès de mes enfants, j'ai la possibilité de le faire de six façons différentes :

- je peux être rigide
- je peux être critique
- je peux poser des règles non négociables (efficace)
- je peux poser des règles négociables (efficace)
- je peux être complaisant
- je peux être négligent.

Etre critique est une attitude fréquente. En général, on a l'impression que l'on apprend quelque chose à nos ados ou à nos enfants lorsqu'on les critique. Et puis, on a tellement, nous-mêmes, entendu de critiques que l'on peut avoir du mal à imaginer faire autrement.

Malheureusement, la critique est un piège dans lequel on se retrouve vite enfermé.

Ce piège se referme lorsque l'on est pris dans des conflits de pouvoir fréquents et inutiles avec son enfant.

En général, le parent répond au comportement inadéquat ou à une demande inadéquate en « escaladant » la critique, les menaces, les cris (et peut-être finalement les coups).

Ce genre de comportement revient en général en « boomerang » : la colère du parent monte, se transforme ensuite en rancœur et mène à l'hostilité entre l'enfant et le parent. C'est un cercle vicieux. Le conflit précédent sert d'excuse au conflit suivant.

Exemple : une fille de 13 ans s'est fait voler son portable à l'école.

Les parents : « tu es bête ou quoi ?! On te l'avait bien dit".

La fille : « mais ce n'est pas de ma faute ! Ce n'est quand même pas moi qui l'ai volé ! Avec vous, c'est toujours pareil. C'est toujours ma faute !»

Les parents : « ouais, et avec toi c'est toujours pareil aussi ! Tu ne prends jamais soin de ses affaires ! Quand je pense à ce que ça nous coûte ! On voit bien que ce n'est pas toi qui payes !»

La fille : « oui c'est ça, va ! Et je sais, quand vous étiez petits, vous aviez une orange à Noël. De toute manière, on ne m'écoute jamais dans cette famille. Puisque c'est ça, je m'en vais. »

Ici, on voit bien que toute la rancœur accumulée va resurgir à la prochaine difficulté.

De plus, les parents n'ont pas fait face au problème qui reste entier : le vol du portable.

L'ado ne tirera aucune leçon de ce qui s'est passé. La critique, trop forte, l'empêche de réfléchir à sa part de responsabilité. De plus, l'ado apprend que dans certains cas, elle n'est pas protégée.

Conclusion : Si les « bagarres » de ce type se produisent souvent, il est temps que de trouver une autre façon de faire face au problème.

Le piège de la critique est souvent accompagné du piège : « ne fais pas attention à eux ».

Ce piège consiste à ignorer les enfants quand ils jouent calmement ou quand ils se comportent correctement. Si les bons comportements sont considérés comme évidents et ne sont pas encouragés activement, ils vont se produire moins souvent et seront remplacés par les comportements inadéquats qui, eux, provoquent l'attention.

Conclusion : encouragez et récompensez les comportements positifs que vous voulez voir plus souvent au lieu de consacrer tout votre temps à pointer les comportements négatifs.

Et vous ? Que préférez-vous ? Que l'on vous dise que le repas que vous avez préparé était bon ? Ou que la salade manquait de sel ?

Il ne s'agit pas de féliciter indûment à tour de bras mais d'encourager ce que nos enfants et nos ados font de positif.

## Renforcer les comportements positifs des enfants

*Juin 2008*

Ce n'est pas toujours facile d'élever ses enfants. Comme le dit Alphonse Allais, " il y a des moments où l'absence d'ogre se fait cruellement sentir."

On peut très facilement se focaliser uniquement sur les choses qui ne vont pas bien. Le stress de la vie tous les jours, la fatigue, les soucis diminuent notre capacité à voir le côté positif des choses. au lieu de remarquer que notre enfant a débarrassé la table du goûter, rangé son manteau ou bien fait ses devoirs sans qu'on ne lui dise rien, on va remarquer uniquement ce qu'il n'a pas fait : il n'a pas fait son lit, ses chaussettes traînent dans sa chambre, ses cahiers sont restés sur la table de la cuisine.

Les théories de l'apprentissage nous indiquent qu'il est très important de renforcer les comportements positifs si l'on veut que ces comportements deviennent des habitudes et si l'on veut que les enfants continuent à se comporter de façon positive même lorsque l'on n'est pas présent. Par exemple, si on veut qu'un enfant continu à faire son lit, il vaut mieux dire : "je suis contente que tu aies fait ton lit" plutôt que : " tu n'as encore pas ramassé tes chaussettes !".

De plus, si l'on fait des remarques sur ce qui est mal fait, on n'indique pas à l'enfant de façon claire ce que l'on attend de lui. On ne fait que le critiquer. Et personne n'aime être critiqué. En général, les enfants aiment faire plaisir à leurs parents. Ils cherchent souvent comment faire plaisir à leurs parents. si vous indiquez clairement que vous êtes content de ce qu'a fait votre enfant, il saura quoi faire à l'avenir pour vous faire plaisir ! Donc, la prochaine fois que votre enfant prépare un gâteau et laisse la cuisine comme un champ de bataille, remercie le chaleureusement et dites-lui :" merci beaucoup pour ce gâteau. Je suis très content. Maintenant, as-tu besoin d'aide pour ranger la cuisine ?" au lieu de :" tu m'as encore mis toute la cuisine en bazar !".

Et puis, donner des renforcements positifs aux enfants, c'est créer une atmosphère familiale plus détendue. et vous pourrez même avoir la surprise de voir vos enfants vous donner à leur tour des renforcements positifs :" Miam miam! Maman a fait des lasagnes ! Super ! Merci maman" au lieu de :" oh, il n'y a que ça en entrée ! J'en ai marre des carottes râpées !".

- Quand votre enfant veut vous montrer quelque chose, arrêtez votre occupation et prêtez attention à votre enfant. Il est important d'avoir des moments d'échange fréquents avec votre enfant en faisant des choses que vous aimez tous les deux. Bien sûr, la fréquence des échanges dépend de l'âge.
- Donnez à votre enfant beaucoup de signes physiques d'affection. Les enfants aiment les câlins, tenir la main et être serrés dans les bras. Pour les ados, le toucher reste important.

On peut leur toucher l'épaule, leur serrer le bras avec affection....

- Parlez à votre enfant de choses qui l'intéressent et partagez avec lui des aspects de votre journée. Allez, faites un petit effort et vous pourrez discuter jeu vidéo, série télé ou musique rap.
- Donnez à votre enfant beaucoup compliments détaillés et descriptifs quand ils font quelque chose que vous voudriez qu'ils continuent à faire. Par exemple, dites : « merci d'avoir fait ton lit aussi vite », « je suis vraiment contente que tu aies débarrassé le lave-vaisselle. Du coup, j'ai eu le temps de me laver les cheveux. Ça m'a vraiment rendu service. Merci".

Alors maintenant, il ne vous reste plus qu'à tester ! Aujourd'hui ou demain, cherchez une chose bien qu'a faite votre enfant, votre adolescent et complimentez-le ! (D'ailleurs, vous pouvez aussi faire cela avec votre conjoint). Vous verrez vous-même le résultat.

## Du sable dans les pages du cahier de vacances

*Juillet 2008*

A la fin de l'année scolaire et à l'arrivée du dernier bulletin de notes, arrive souvent la question du travail pendant les vacances.

Les parents, inquiets des résultats de leurs enfants, voudraient profiter des vacances pour rattraper le temps perdu. Je sens alors très fortement la pression que ressentent les parents pour que leurs enfants réussissent. Les pauvres parents, à peine sortis d'une année scolaire exigeante entre travail et suivi des devoirs, envisagent déjà leurs vacances comme une course contre la montre pour que leur enfant ait le niveau à la rentrée !

STOP !

Les vacances sont faites pour se reposer et sont surtout l'occasion irremplaçable de transformer les relations entre les parents et les enfants en relations plus harmonieuses. Enfin on peut passer du temps ensemble à discuter, à faire des barbecues, à jouer aux dames ou aux échecs bref, à partager des choses ensemble et à se retrouver juste pour le PLAISIR au lieu de commencer la conversation par : « tu as fait tes devoirs ?"

Alors, si votre enfant n'a pas de difficultés particulières, je suggère d'éviter les devoirs de vacances pour plutôt aller hanter les bibliothèques, les musées, ramasser les coquillages ou lire le journal. Si votre enfant doit rattraper quelques lacunes, pourquoi pas le faire travailler un peu mais laissez-lui au moins un mois de repos complet. On est souvent très étonné du travail mental et psychique qui se fait lors des périodes de repos.

Et puis n'en faites pas trop, une heure de travail devrait bien suffire. Après tout, vous aussi vous êtes en vacances. Eviter de transformer vos vacances, durement méritées, en travaux forcés pour toute la famille.

Si votre enfant est dyslexique ou souffre d'un autre trouble de l'apprentissage, gardez-vous bien de le surcharger de travail. Ce serait complètement contre-productif. Les enfants qui ont des troubles de l'apprentissage ont un grand besoin de repos. Ils ne doivent pas arriver épuisés à l'école en septembre.

Alors, laisser glisser le sable dans les pages des cahiers de vacances.

## Retour de vacances : pensez aussi à vous !

*Aout 2008*

Ah les retours de vacances..... et la rentrée en perspective !

Beaucoup de parents que je rencontre sont stressés par la rentrée.

Il y a tellement de choses à prévoir, à organiser...Courir pour des inscriptions à des activités, acheter des fournitures scolaires non prévues sur la liste (il est 19h mais il le faut absolument pour demain), prévoir les rendez-vous d'orthophonie ou autre, jongler avec les horaires de travail et d'école ou de crèche etc...

Les vacances, à peine terminées, semblent déjà loin, très loin.

Je me souviens d'une famille que j'ai accompagnée et qui avait un emploi du temps incroyable : lundi et jeudi soir entrainement de hockey pour le fils (9 ans). Mardi et vendredi, entrainement de patinage artistique pour leur fille (8 ans) et les week-ends : match de hockey les samedis, compétitions de patins certains dimanches.

Pas étonnant que les parents n'en puissent plus ! Aucun temps pour eux.

Alors, je vous pose une seule question : et vous les parents, qu'avez-vous prévu pour vous?

Profitez de la rentrée et de la réorganisation de l'année scolaire pour glisser dans votre emploi du temps une activité pour VOUS, rien que pour VOUS.

Courez vous inscrire à un club de macramé, faites une petite balade tous les soirs, laissez votre enfant un soir à la garderie pour faire une activité qui vous plait, qu'importe pourvu que ce soit pour vous.

Vous aimez lire et avez l'impression que vous n'avez le temps de lire qu'en vacances ? Faites comme une de mes amies qui a instauré une soirée "lecture" (la télé reste éteinte ce soir-là).

Bon, allez, c'est vrai, la rentrée a aussi du bon. Les enfants sont à l'école toute la journée et on n'a pas besoin de se creuser la tête pour leur trouver des occupations...Mais, chut!, il ne faut pas le dire tout haut, on vous prendrait pour une mère ou un père indigne...

# JK Rowlings

*Septembre 2008*

J'ai vu une excellente émission de télévision sur Arte, il y a quelques jours.

Il s'agissait d'un documentaire de 2005 sur JK Rowling, l'auteure de la série des Harry Potter.

Elle y raconte dans quelles conditions elle a écrit « Harry Potter à l'école des sorciers». Elle vivait d'allocations avec sa fille en bas âge, Jessica dans un appartement plutôt lugubre et sale et écrivait pendant tout son temps libre.

Elle raconte que les gens lui demandent souvent : « comment avez-vous pu écrire un livre et élever un enfant en même temps?» et voici sa réponse : « je n'ai pas fait le ménage pendant quatre ans ! Je ne suis pas une superwoman. »

Si je vous rapporte ici ses mots, c'est parce qu'elle donne une précieuse permission à toutes les mères et pères de famille : oui, c'est bon pour nous de faire des priorités dans la vie et de laisser tomber certaines autres choses moins importantes. C'est OK de ne pas être une superwoman ou un Superman.

La publicité, avec ses représentations caricaturales de la bonne mère (qui protège son enfant des maladies, lave son linge plus blanc que blanc, transforme chaque repas en fête tout en étant investie dans son travail) et du bon père (qui gagne suffisamment d'argent pour acheter la bonne voiture) et la société, qui est prompte à charger les parents de tous les maux dès que quelque chose ne va pas avec leurs enfants, mettent une pression énorme sur les parents en exigeant la perfection.

Alors, enfonçons une porte ouverte : la perfection n'est pas de ce monde et il est épuisant de la rechercher. Alors, si vous n'avez pas dépoussiéré l'arrière de votre frigo depuis... trois ans, si vous ne raccommodez pas les chaussettes, si vous n'arrivez pas à faire manger aux enfants cinq fruits et légumes par jour ou si vous vous vous y prenez toujours au dernier moment pour organiser les anniversaires, cessez de culpabiliser. On ne peut pas tout faire, c'est une femme, devenue l'une des plus riches du monde grâce à son travail, qui vous le dit !

## Haro sur les coachs !

*Octobre 2008*

Ces derniers temps, les coachs fleurissent à tous les balcons : coach sur paquet de céréales, coach pour relooker votre intérieur, coach pour votre vie amoureuse, coach pour maigrir, coach pour l'éducation des enfants (c'est mon métier), coaching de vie...
Les critiques envers les coachs sont relativement féroces dans les ouvrages et les articles parus ces derniers temps.
Alors, que penser de tout cela ? Faut-il crier haro sur les coachs ?
Première critique : tout le monde peut être coach. C'est vrai. Ce n'est pas un titre protégé. Il faut donc être vigilant et s'assurer que le coach ou le consultant auquel on s'adresse a une formation sérieuse et surtout qu'il continue à se former et à se faire superviser. Une formation sérieuse n'est pas forcément synonyme de formation universitaire. Une formation sérieuse est une formation qui s'est déroulée sur un temps assez long (plusieurs années) et qui comprend de la supervision ou de l'analyse de pratique. Ce qui veut dire que le coach, comme le thérapeute, comme le médecin, comme le mécanicien, a une formation théorique pratique contrôlée par des praticiens. Vous ne confieriez pas votre voiture à un mécanicien qui a eu son diplôme en lisant des livres sans voir une voiture. Évitez les professionnels qui n'ont pas eu "d'apprentissage", c'est-à-dire de

pratique supervisée. C'est vrai pour les thérapeutes, les chirurgiens esthétiques, les diététiciens, les coachs etc....

La deuxième critique est que le coach est orienté vers la performance, promet des résultats mirobolants et une vie toujours meilleure comme une vulgaire publicité pour une voiture.

Oui, il existe des coachs qui surfent sur la vague de la recherche de la perfection. Je ne me reconnais pas dans cette approche-là.

Les gens qui viennent mes ateliers ou en coaching individuellement, viennent chercher deux choses :

- Une compréhension des raisons qui les ont fait agir d'une manière plutôt qu'une autre jusqu'à présent : D'où leur viennent leurs normes ? D'où viennent les pressions (bonnes ou mauvaises) qui les influencent ? Une fois cela exposé, les parents peuvent alors faire de véritables choix et vivre selon leurs valeurs
- De nouvelles façons de faire, de pratiquer leur Parentalité : poser des règles, les limites, parler efficacement leurs enfants, résoudre des conflits...la performance, il ne faut pas la confondre avec le désir légitime des personnes qui consultent d'avoir un certain type de résultat. Par exemple, lorsque des personnes amènent leur enfant pour que je trouve avec lui/elle les meilleures façons d'augmenter ses résultats scolaires, il est normal qu'ils s'attendent à une amélioration. Mais nous faisons préalablement un travail autour de la demande des parents, de la demande de l'enfant et de la réalité de ce qu'il est possible de faire pour aboutir à un contrat. Nous sommes alors bien loin de vendre la performance à coups de formules marketing.

Troisième critique : le coaching est commercial. Si l'on entend par là que les coachs gagnent de l'argent, c'est vrai et c'est normal si c'est leur métier. Et il n'y a pas de honte à se faire payer correctement. Je dirais même que je suis personnellement irritée par les coachs qui pratiquent des tarifs bradés voire pratiquent gratuitement. J'en déduis qu'ils ne vivent pas vraiment de leur activité ou bien qu'ils ne déclarent pas leur revenus (ce qui n'est pas éthique). Un bon coach est un coach formé qui continue à se former, pas quelqu'un qui a fait un stage d'initiation de telle ou telle pratique avant d'ouvrir un cabinet. Quand vous le consultez, vous achetez ses compétences et elles ont forcément un prix.

Certaines officines ont également des pratiques critiquables : elles font miroiter à des parents qui sont venus se former chez elles la possibilité de devenir coach à leur tour. Évidemment, le coaching est une vraie profession et si certains coachs sont capables de faire de la formation professionnelle, ce n'est pas le cas de ceux qui sont insuffisamment formés. Retour donc à la critique numéro 1 !

Conclusion : Comme dans toutes les professions, il y a des abus mais charger les coachs de tous les maux semble pour le moins exagéré. Je pense qu'il faut vraiment choisir son coach avec soin, lui poser des questions sur sa formation et se méfier des promesses mirobolantes. Le coaching, pour être efficace, a un certain coût et prend un certain temps.

## L'épreuve des courses

*Octobre 2008*

Non, il ne s'agit pas de courses hippiques mais les courses au supermarché qui peuvent facilement se transformer en épreuve !
J'ai reçu la semaine dernière à mon cabinet une maman qui élève seule ses deux enfants de deux et cinq ans. Elle ne peut pas toujours aller faire les courses lorsque les enfants sont à la crèche ou à l'école.
La semaine dernière, l'épreuve a été particulièrement difficile et humiliante.

Sa fille de deux ans, assise à l'avant du caddie, a tellement gigoté et escaladé qu'elle a fini par tomber du caddie en se cognant la tête. Certaines personnes autour d'elle lui ont jeté des regards méprisants. Heureusement, un monsieur est venu à sa rescousse et lui a dit : « ah ! Les enfants ! Ils ne sont pas faciles à tenir quand on fait les courses ». Son fils n'a pas cessé de la harceler pour qu'elle achète un énième pistolet, les yaourts vus à télé et ses biscuits préférés (c'est quand la fin de la pub à la télé ?).

Elle sentait bien qu'elle était de plus en plus agressive avec son fils mais ne parvenait plus à reprendre son calme. Elle avait l'impression que tout le monde dans le magasin la dévisageait. Évidemment, rentrée chez elle, elle s'est rendue compte qu'elle avait oublié une partie de ses courses!

Comment éviter que ça recommence la prochaine fois qu'elle ira faire ses courses avec les enfants ?

Voilà ce que nous avons mis au point :

- faire les courses le ventre plein. Ce qui est valable pour la maman comme pour les enfants. Il est difficile de garder sa bonne humeur quand on a faim. Et puis on a souvent envie d'acheter plus de choses quand on a faim.
- Réduire au maximum le temps passé dans le magasin. Pour un enfant de deux ans, il est difficile de tenir plus de 30-40 minutes dans un caddie, assis tranquillement.
- Poser une première règle à son fils : « je peux choisir un paquet de gâteaux quand je fais les courses avec maman »
- Poser une deuxième règle : « maman achète uniquement ce qu'il y a sur la liste»
- Se préparer mentalement à dire et à répéter : «non, ce n'est pas sur la liste »

Dans certains endroits, il est possible de faire ses courses par Internet et il est vrai que ça peut être un soulagement.

Mais si vous devez aller faire les courses avec vos enfants, cela peut être aussi un moment d'apprentissage important : l'apprentissage de la frustration. Les enfants doivent apprendre qu'on ne peut pas satisfaire tous leurs désirs (alors que l'on doit satisfaire leurs besoins). Bon, il est vrai que vous n'êtes pas obligé de faire cet apprentissage au supermarché, le samedi, quand 10 000 autres personnes ont décidé de faire leurs courses en même temps que vous!

## Féminité et sexualisation précoce des filles

*Mars 2009*

Je trouve que le 8 mars est une bonne occasion de réfléchir sur ce qu'est "être une femme" et comment nous aidons nos filles à devenir des femmes.
Avec un peu de retard (par rapport au 8 mars), je voudrais vous faire partager les dernières recherches sur l'éducation des filles.
Des études américaines montrent que la sexualisation précoce des filles portent préjudice à leur développement cognitif, notamment à leur compétence en sciences!
Vous allez me dire, mais c'est quoi la sexualisation précoce?
La sexualisation précoce, c'est apprendre aux filles trop tôt des comportements de séduction qui ne sont pas en accord avec leur âge.
En général, ce ne sont pas les parents qui apprennent ces comportements à leurs filles mais les magazines pour ados, les magasins de vêtement, la publicité etc. qui véhiculent l'idée qu'une fille digne de ce nom doit être séduisante pour être une vraie femme, une petite femme en puissance.

On voit donc des petites filles, des préados ou des ados qui s'habillent de façon totalement inappropriée : talons hauts, tee-shirts au-dessus du nombril, mini-jupes, matières transparentes etc...
Inappropriée pour deux raisons :

- se vêtir avec des vêtements courts, des talons etc. implique un soin de tous les instants pour éviter que cette satanée jupe ne remonte, que ce tee-shirt reste en place etc...Au lieu de penser à jouer dans la cour, de jouer au basket avec ses copines etc., la petite fille ou la jeune fille pense à ses vêtements, ce qui l'empêche de se dépenser normalement.
- Plus grave, les jeunes filles qui s'habillent pour être séduisantes passent leur temps à y penser et à sentir le regard des garçons sur elles. En classe, elles ne pensent plus qu'à cela. on leur a tellement répété dans les magazines qu'elles ne valent que par leur capacité de séduire !

Pour tester l'effet de la sexualisation précoce sur le domaine cognitif, on a fait faire aux filles des exercices de maths habillées normalement avec des vêtements neutres ne montrant pas trop le corps et en maillot de bain.

Le verdict est sans appel. Les filles de 14-15 ans sont incapables de faire le moindre exercice de math en maillot de bain. Elles sont obnubilées par l'idée que les garçons les regardent et les jugent. Selon les chercheurs, ce phénomène expliquerait peut-être pourquoi tant de filles décrochent dans les matières scientifiques à l'adolescence. Certains recommandent même de séparer garçons et filles au collège et lycée pour les matières scientifiques.

Sans aller jusque-là, en tant que parent, nous devons faire attention de ne pas encourager de comportement de sexualisation précoce quitte à passer pour des bonnets de nuit !

"Oui ma Chérie, tu chausses du 39 mais tu as 12 ans, alors c'est non pour ces chaussures à talon".

"Non ma chérie, tu ne peux pas prendre ce string avec le soutien-gorge. Tu n'as que 14 ans".

On peut être féminine (si l'on veut) sans être dans la séduction constante. Etre féminine et être une femme ne veut pas dire du tout que l'on se plie à tous les dictats de la mode ou des lubies du moment pour plaire et être sexy à tout prix. Les femmes existent aussi pour autre chose que plaire aux hommes. Et j'ai tendance à croire que les hommes ne tiennent pas particulièrement à être séduits à chaque instant par les femmes qu'ils côtoient.

## *Outrecomplaisance : conférence du Vésinet*

*Mai 2009*

Entre trop et pas assez : Il y a « suffisamment »
Tout est affaire d'équilibre
- Si je sais ce qui est suffisant, je suis capable d'apprécier l'abondance.
- Si je ne sais pas ce qui est suffisant, je n'en ai jamais assez.

L'outrecomplaisance ©
- C'est donner trop de ce qui est bon, trop tôt pour satisfaire le besoin des parents et non ceux de l'enfant.
- Donner des choses ou des expériences qui ne sont pas appropriées à l'âge, l'intérêt ou le talent de l'enfant.

3 types d'outrecomplaisance :
- Trop de biens matériels
- Être trop nourricier
- Pas assez de structure

Ce n'est pas une spécificité des familles fortunées. On trouve des parents outrecomplaisants dans tous les milieux sociaux.

Trop de biens matériels : si j'ai, je suis.
- Trop de jouets, de vêtements, d'activités…
- L'enfant n'apprend pas ce que veut dire « assez ».
- L'enfant n'apprend pas à prendre soin ses affaires et celles des autres.
- Il se croit et se comporte comme s'il était le centre du monde.
- L'enfant ne fait pas la différence entre besoin et désir

Parent trop nourricier : le monde existe pour moi.
- Le parent fait les choses à la place de l'enfant
- Il donne trop d'attention et temps à l'enfant
- Trop de privilèges
- Trop de loisirs et de distraction

Conséquences :
- L'enfant ne supporte pas la frustration
- Il devient incompétent
- Il pense que tout lui est dû

Pas assez de structure : les lois ne me concernent pas
- Pas d'obligations à la maison (corvées)
- Pas de règles
- Fais comme tu veux

Conséquences :
- L'enfant n'est pas un membre contributeur de la famille (il n'est qu'un consommateur de services familiaux).
- Il ne vit pas les conséquences de ses actes

Pourquoi tombons-nous dans ce piège ?
- L'outrecomplaisance part d'un bon sentiment
- (se) faire plaisir
- Pour lutter contre la culpabilité de travailler
- Pour lutter contre l'angoisse de mal faire ou d'être jugé
- Parce qu'on ne supporte pas que son enfant souffre ou soit mal à l'aise
- Compétition avec l'autre parent
- Parce qu'on a un enfant qui a des besoins spéciaux (enfant malade, handicapé…)
- Parce qu'on a été élevé comme ça soi-même
- Parce qu'on y est aidé par la publicité, les grands parents, le voisinage etc…

Dans le prochain article, nous verrons comment reconnaitre l'outrecomplaisance et ses effets sur les enfants

# L'outrecomplaisance (suite)

*Mai 2009*

Pour savoir si nous sommes dans l'outrecomplaisance ou simplement indulgence à un moment précis, il existe un test en 4 questions.

- Cette situation empêche-t-elle l'enfant d'apprendre des tâches nécessaires à son développement ?
- Cette situation donne-t-elle un montant disproportionné des ressources (temps, argent…) familiales à l'un des enfants de la famille ?
- Cette situation est-elle au bénéfice du parent plutôt que celle de l'enfant ?
- Le comportement de l'enfant porte-il potentiellement préjudice aux autres, à la société ou la planète ?

Un exemple :
Un enfant de 5 ans qui refuse de s'habiller seul le matin. Son père l'habille pour ne pas être en retard.
Un enfant de 5 ans doit pouvoir s'habiller seul et respecter des directives pour être à l'heure. L'habiller l'empêche d'apprendre des tâches nécessaires à son développement.
Cette situation donne un montant disproportionné de temps à l'enfant et elle est au bénéfice (à court terme) du parent qui n'arrivera pas en retard et pour qui "ça va plus vite".
Potentiellement, les actes de l'enfant ne portent pas préjudice aux autres mais pour l'instant, il n'apprend pas les conséquences de ses actes car s'il refuse de s'habiller, rien ne lui arrive à part ce qu'il veut, c'est à dire qu'on l'habille.

Conséquences à moyen et long terme pour les jeunes et les adultes
- Difficultés à accepter la frustration (abandonne vite)
- Difficultés à ne pas être le centre du monde (son estime de lui dépend des autres)
- Difficultés à développer des compétences pour prendre soin de soi, dans les tâches quotidiennes ou dans les compétences relationnelles
- Difficultés à prendre des responsabilités
- Difficultés à développer sa propre personnalité
- Difficultés à savoir ce que veut dire « suffisamment »
- Difficultés à savoir ce qui est normal pour les autres

Conclusion
Il faut :
- Reconnaître les cas où notre indulgence devient de l'outrecomplaisance
- Réfléchir aux limites à poser
- Agir pour corriger le tir

Il ne s'agit pas de culpabiliser mais de modifier des comportements qui portent préjudice à nos enfants sur le long terme. Pour la première fois de l'histoire humaine, nous vivons dans l'abondance. Il est compréhensible que nous ne voyions pas les dangers et seulement les avantages. À nous de prendre de la distance et de faire pour le mieux afin que nos enfants développent un sens de l'autodiscipline, gèrent leur frustration et ne croient pas que tout leur est dû.

# Autorité éducative : un investissement pour l'avenir

*Septembre 2009*

J'espère que vous avez passé des vacances qui vous ont permis de vous reposer et de vous retrouver avec les gens que vous aimez.

Les vacances sont vraiment l'occasion de passer du temps avec ses enfants, sa famille, ses amis loin des contraintes horaires et matérielles.

Moi, j'ai profité de mes vacances pour lire, lire, lire... des romans policiers, des romans pas policiers et, allez, un livre qui était un peu comme du travail mais tellement accessible et bien écrit que ce n'était pas vraiment du travail....

Il s'agit d'un livre d'Howard Gardner, psychologue américain, professeur de sciences cognitives et de pédagogie à l'université d'Harvard : les 5 formes d'intelligence pour affronter l'avenir.

Il y décrit les 5 types d'esprits à développer chez les enfants pour que ceux-ci trouvent leur place dans notre société :
- l'esprit discipliné
- l'esprit créatif
- l'esprit synthétique
- l'esprit respectueux
- et l'esprit éthique.

La notion d'"esprit discipliné" est très intéressante (du point de vue de l'autorité) car elle recouvre deux réalités de l'éducation des jeunes pour qu'ils s'insèrent dans le monde du travail :

- l'obligation de choisir une discipline, une matière dans laquelle ils vont devenir des PROS
- et l'obligation d'être discipliné dans leur apprentissage pour faire les efforts nécessaires à devenir et rester un pro.

Exemple : un jeune est intéressé par les voitures. S'il veut en faire son métier, il va devoir choisir la mécanique, la carrosserie etc. et apprendre à penser et à voir les choses comme un mécanicien ou un carrossier.

De plus, il va falloir qu'il fasse des efforts pour s'exercer, apprendre et continuer à apprendre toujours pour rester pro.

La discipline choisie importe peu. Le raisonnement est le même pour un mécanicien, un médecin, une assistante sociale ou un manager. Tout comme aujourd'hui, les pros auront, demain, plus de chance de travailler et d'avoir un travail intéressant que les personnes qui n'ont pas choisi de discipline.

Et cela n'a aucun rapport avec le niveau académique d'étude. Après tout, il ne faut pas de longues études pour devenir plombier et les principes généraux de la plomberie semblent assez simples mais si vous avez déjà fait de la plomberie chez vous, vous savez faire la différence entre un pro et vous!

Alors, quel rapport avec l'autorité éducative?

Eh bien, devenir pro demande de la discipline et ce n'est pas faire un cadeau à nos enfants que de ne pas les habituer à un certain niveau de contrainte. On ne devient pas un esprit discipliné si on habite au Club Med et que l'on est toujours servi.

En plus, il est difficile de choisir une voie professionnelle quand le seul critère est "le moins d'efforts possibles" et "si je n'y arrive pas du premier coup, j'arrête".

Alors clairement, une autorité éducative bien mesurée permet, non seulement d'avoir des enfants plutôt agréables à la maison, mais également des enfants qui pourront un jour devenir des pros dans ce qu'ils choisiront : assistante maternelle, GO du club Med, ingénieure des ponts et chaussées, agent d'entretien, agent immobilier ou prof.

## Parentalité : acquérir des compétences relationnelles utiles aussi dans le travail !

*Novembre 2009*

J'ai animé la semaine dernière un atelier débat en Haute-Savoie sur le thème "l'art de faire des critiques constructives".

Une cinquantaine de parents sont venus échanger sur leur difficulté et leur réussite et surtout apprendre à faire des critiques justifiées à leurs enfants. Pourquoi ? Parce que dans le quotidien, il est important d'apprendre :

- à dire les choses sans agressivité si on veut éviter que chaque miette sur le canapé soit l'occasion d'un conflit ("y'en a marre ! mais tu penses à quoi ! tu as quel âge ? même ta sœur qui a 6 ans mange mieux que toi ! t'es vraiment un cochon")
- à dire les choses tout court, si on veut éviter d'aspirer les chocopops renversés dans le canapé en ruminant et en se lamentant sur ces gosses ingrats (tout bas "oui, mais je suis crevée après une journée de boulot et vous ne pouvez même pas faire attention"). Et si on veut éviter d'être perpétuellement dans la rancœur ("après tout ce que j'ai fait pour vous...").
- à dire les choses directement pour que le message passe 5 sur 5 et éviter le "t'as pas honte? j'ai des invités qui viennent ce soir et je ne peux même pas compter sur toi! le canapé est plein de miettes."

C'est tellement plus facile dire : "je constate qu'il y a des chocopops dans le canapé et par terre. J'en ai plein mes chaussettes. Je ne suis pas contente parce que je rentre du travail et que les invités arrivent bientôt. Je te demande de passer immédiatement l'aspirateur !"
En général, cette technique (classique) pour faire les remarques marche très bien car elle ne juge pas la personne et lui indique ce que l'on attend d'elle clairement (ce qui augmente les chances qu'elle le fasse, parce que comme le disait une maman "les enfants ne font pas de télépathie"). C'est donc une méthode qui permet d'améliorer grandement le climat familial. De plus, elle permet aux enfants aussi d'apprendre à faire des critiques justifiées de façon socialement acceptables.
Donc on fait une pierre deux coups.

Encore mieux, quand on sait faire ce genre de critiques, on peut aussi le faire au travail pour en finir avec :
- oh, ben tant pis, ce n'est pas grave. J'irai encore acheter le café.
- Y'en a marre ! la prochaine fois, je lui fais bouffer son café !
- crier à la ronde "c'est à qui d'acheter le café ?" en regardant fixement la personne...

## 5 choses dangereuses que les enfants doivent faire absolument

*Décembre 2009*

Je viens de découvrir une vidéo intéressante que j'ai eu envie de partager avec vous.

Très souvent, les parents qui viennent me voir ont des inquiétudes sur ce qui est dangereux ou pas pour leurs enfants et sur ce qu'il convient de leur laisser faire ou non.

Bien souvent, j'ai entendu des mères de famille crier à leur enfant "ne cours pas, tu vas tomber !". Devinez ce qu'il arrive en général, dans les secondes qui suivent ! Et si on va au bout du raisonnement, ce n'est pas la peine de se lever de son lit le matin.

Les enfants doivent être protégés pour ne pas mettre leur vie en danger. Mais ils doivent aussi faire leur expérience du monde pour connaitre leurs limites et leur pouvoir d'action : "oui, je dois faire attention de ne pas dépasser une certaine vitesse quand je cours dans une descente", "Zut, il va falloir que j'appelle ma mère parce que j'ai peur de ce toboggan trop haut". On a un peu trop tendance aujourd'hui à surprotéger et donc, à rendre nos enfants incapables de faire (tu as 8 ans et je vais te couper ta viande car tu n'as pas le droit au couteau qui coupe) et incapables de mesurer les dangers.

Allez donc faire un petit tour sur cette vidéo qui vous explique les 5 choses dangereuses que les enfants DOIVENT faire et dites-moi ce que vous en pensez ! Elle est sous-titrée en français : "Gever Tulley on 5 dangerous things for kids"

La prochaine fois, je vous parlerai de cette journaliste américaine, accusée d'être une mauvaise mère parce que son fils de 9 ans a pris, seul, le métro à New York.

# « Avatar » de James Cameron et l'éducation des filles

*Janvier 2010*

J'ai toujours aimé l'actrice Sigourney Weaver depuis que je l'ai vue dans le premier film "Alien". Enfin une fille qui n'a pas froid aux yeux, qui a un travail scientifique et qui n'attend pas d'être sauvée passivement (comme dans beaucoup des westerns qui ont bercés mon enfant).

Ce n'est pas si courant que cela, même de nos jours. Elle réitère dans le film Avatar de James Cameron où elle campe une botaniste dure à cuire. Réfléchissez aux 15 derniers films que vous avez vus (dessins animés compris) et comptez le nombre de personnages féminins principaux qui ont des métiers scientifiques ou d'ingénieurs...Je trouve que ce film est une bonne permission pour nos filles d'oser être ce qu'elles sont.

- Oui, elles peuvent être filles et ingénieures (arrêtons d'utiliser des histoires de cerveau droit et cerveau gauche pour justifier une habitude culturelle de réserver les disciplines scientifiques "dures" aux garçons. C'est bizarre mais c'est aussi les métiers qui rapportent le plus !).

- Oui, elles peuvent être filles et jouer au basket pour se détendre (au lieu de regarder les garçons jouer comme je l'ai souvent observé. Aux garçons l'action, aux filles l'admiration....).
- Oui, elles peuvent être filles et oser les confrontations avec leurs collègues de travail (au lieu de continuer à croire qu'il faut être une gentille fille au travail et qu'alors tous ses mérites seront reconnus).

Mise à part cet exemple de femme intéressant et modélisateur, c'est un film à voir pour l'expérience étonnante de la 3D. En ce qui concerne la polémique sur la cigarette (et oui, l'héroïne n'est pas parfaite. Elle fume ! Ah, ces femmes sans maris...), laissons-la aux américains.

# L'outrecomplaisance© : un nouveau phénomène de société

*Mars 2010*

**L'enfer** est pavé de bonnes intentions. Après des siècles de gestion de la pénurie, nous faisons face à un nouveau défi : gérer l'abondance !

Rappelez-vous votre mère, votre grand-mère ou votre arrière grand-mère.il fallait accommoder les restes, raccommoder les chaussettes, faire des torchons avec les vieux draps, bref, gérer la pénurie.

Aujourd'hui, c'est l'inverse. Il faut savoir gérer l'abondance.

Quand j'étais petite, il y avait les yaourts natures (avec un pot en carton recouvert de paraffine. si on grattait trop avec la cuillère, on mangeait de la cire), les yaourts aux fruits et les yaourts sucrés.

Si vous allez dans n'importe quel supermarché aujourd'hui, il y a des mètres et des mètres de yaourts sucrés, pas sucrés, aux fruits, allégés, au chocolat, avec des miettes de gâteau etc...

Pas facile de dire stop. Pas facile de mettre des limites. Après tout, il n'y a pas de mal à se faire du bien!

Malheureusement, si. Car tout est dans la mesure. Il n'y a pas de mal à se faire du bien si on sait ce que veut dire le mot "suffisamment". Sinon, c'est toujours trop.

D'où une question fondamentale de l'éducation : comment apprendre à nos enfants ce que veulent dire "pas assez", "suffisamment" et "trop» ?

Et quels sont les effets du "trop" de jouets, de vêtements de nourriture...?

et du "pas assez" de règles et de frustrations?

Et comment reconnaitre que l'on est dans l'outrecomplaisance?

Pour cela, il faut se poser les 4 questions suivantes qui ont été mises au point par Jean Ilsley Clarke. Si vous répondez "oui" plus de deux fois, vous êtes sans doute dans l'outrecomplaisance© !

1. Cette situation empêche-t-elle l'enfant d'apprendre les tâches qui favorisent les apprentissages et le développement appropriés à son âge ?
2. Cette situation donne-t-elle une quantité disproportionnée des ressources de la famille à un ou plusieurs enfants ? Les ressources incluent l'argent, l'espace, le temps, l'énergie, l'attention et l'investissement psychique.
3. Cette situation existe-t-elle au bénéfice d'un adulte plus qu'à celui de l'enfant ?

4. Le comportement de l'enfant porte-t-il potentiellement préjudice aux autres, à la société ou à la planète, d'une manière ou d'une autre ?

Pour terminer, voilà un exemple.

Robert a 15 ans. Tous les matins, sa mère arrive en retard au travail car lui ne se lève pas assez tôt le matin. Pourtant, c'est sa mère qui le réveille et lui prépare son petit déjeuner.

**Question 1** : Oui, cette situation empêche Robert d'apprendre à anticiper et à se prendre en charge. Il n'apprend pas que ses actes ont des conséquences. Il se lève en retard et c'est sa mère qui est en retard au travail !

**Question 2** : Oui, la mère de Robert lui consacre un temps qui ne lui est pas normalement destiné.

**Question 3** : On peut se poser la question. La mère de Robert tire-t-elle avantage d'être toujours stressée quand elle arrive au travail ? C'est possible. Elle pense sans doute aussi que c'est la preuve qu'elle est une bonne mère. Elle prend soin de son fils. Mais c'est au détriment de son fils qui doit apprendre à se prendre en charge.

**Question 4** : Le comportement porte préjudice à sa mère qui arrive en retard.

On a donc bien ici une situation d'outrecomplaisance. Elle part d'un bon sentiment : il ne faut que Robert arrive en retard. Mais le problème reste que Robert n'apprend pas qu'il faut être à l'heure. Et en général, la vie se charge de nous présenter ses leçons jusqu'à ce qu'on les apprenne....

# Suppression des allocations familiales : haro sur les parents !

*Avril 2010*

Dans un excellent article du Monde sur la suppression des allocations familiales en cas d'absentéisme, Thibaut Gajdos montre bien que malheureusement, cette mesure n'a pas pour objet le bien des élèves absents en responsabilisant leurs parents par le portefeuille.
Elle a pour but de lutter contre la délinquance juvénile.
Mis à part le fait qu'il semble que cette mesure ne soit pas efficace, elle dénote une vision particulière de la jeunesse : la vision d'une jeunesse dangereuse qu'il faut dresser pour qu'elle ne tourne pas mal.
Oui, la jeunesse a besoin de cadre mais pas de soupçon perpétuel.
Oui la jeunesse a besoin de cadre et les parents sont là pour en mettre mais ils ne sont pas entièrement responsables de ce que leur enfant devient.
Oui la jeunesse a besoin de cadre mais aussi d'encouragement et surtout d'espoir et de confiance.
Et là, la France n'est pas très bonne ! Que ce soit pour les élèves absentéistes ou les bons élèves.
Mon expérience en cabinet et de formatrice en insertion me montre chaque jour que l'orientation scolaire et professionnelle de nos jeunes n'est pas digne de ce nom. Faut-il s'étonner alors de l'absentéisme dans les sections professionnelles ? Comment voulez-vous qu'un jeune réagisse quand il veut devenir infographiste et qu'on l'envoie en BEP secrétariat ? Quand un jeune qui veut faire de la cuisine est orienté en mécanique auto ? Ou quand un jeune de 16 ans "choisit" de devenir paysagiste alors qu'il n'a jamais fait aucun stage qui lui permettrait de se rendre compte de la réalité du métier ?

Et je pense qu'il faut se garder de penser que les bons élèves sont épargnés. Eux aussi sont orientés vers la facilité sans qu'on se pose la question de leurs aspirations, tout stressés que les parents sont à l'idée de l'avenir de leur enfant (et je comprends les parents). Je pense que l'on serait bien inspiré de laisser du temps aux jeunes pour aller travailler et retourner ensuite aux études. Ils y gagneraient en motivation et maturité.

Et que dire de la souffrance à l'école de ces "mauvais élèves» ? Qui a envie d'aller à l'école pour avoir toujours des mauvaises notes ? Qui a envie d'aller à l'école quand il ne comprend plus rien de ce qui s'y passe ? Qui a envie d'aller à l'école pour se faire harceler par ses pairs ?

Oui, il y a certainement certains parents qui sont démissionnaires mais il y en a aussi qui ont besoin d'aide sans qu'on les regarde avec condescendance parce qu'ils n'y arrivent plus. Imaginez aussi comme il doit être facile d'obliger un jeune à retourner au lycée quand il a 17 ou 18 ans ! Vous faites quoi ? Vous le ligotez et le jetez dans le coffre de la voiture ?

Et puis cette histoire d'allocation, c'est louche. Insinuerait-on que seuls "les pauvres" sont absentéistes ? Car supprimer les allocations à des gens aisés, ça devrait avoir moins d'effet....

Alors pour terminer, je pense vraiment que l'absentéisme devrait être considéré comme la mesure que quelque chose de complexe ne va pas et non pas "haro sur les parents car ça doit bien être leur faute quelque part !". Il serait bon d'avoir le courage de remettre des choses à plat et d'analyser des situations individuelles au lieu de trouver des solutions à l'emporte-pièce. Nos enfants méritent mieux que cela.

## Les enfants, la fessée et les gros mots !

*Mai 2010*

Ah ! La fessée ! Régulièrement elle revient sur le tapis. Faut-il l'interdire ?

Franchement, faire une loi, comme le propose Edwige Antier, pour cela alors qu'il existe déjà des lois contre les mauvais traitements, cela me semble inutile.

Une étude américaine faite à l'université du Texas a effectivement montré que les châtiments corporels sont mauvais à long terme quand ils sont répétés, c'est à dire, quand les parents donnent des fessées plusieurs fois par semaine à leur enfant. Donc arrêtez de vous culpabiliser si vous avez donné 3 fessées en 5 ans ! En revanche, malheureusement, on ne parle pas des maltraitances psychologiques faites aux enfants. Mais il faut dire qu'elles sont moins facilement visibles et pourtant....

Certains parents n'utilisent pas de violence physiques mais construisent des systèmes de punition si dommageables pour l'enfant qu'on en viendrait à penser qu'une fessée ou une claque auraient mieux valu car au moins après, on en n'aurait plus parlé.

Vous pouvez retrouver en ligne une interview à laquelle j'ai répondue pour une radio lyonnaise : Radioscoop.

## L'estime de soi des enfants

*Mai 2010*

Il y a une quinzaine de jours, j'ai animé un atelier débat sur "comment développer l'estime de soi de nos enfants".

La soirée a été très riche en échanges et en prise de conscience. En fin d'atelier, je demande aux participants d'écrire la chose la plus

importante qu'ils ont comprise ou apprise. Voilà ce qu'une participante a écrit :
"Mettre mes enfants au travail au quotidien »

« Savoir faire pour avoir confiance"

Ces deux phrases me semblent résumer de façon excellente une facette souvent négligée de l'estime de soi. L'estime de soi ne nait pas uniquement de l'amour que nous donne notre entourage en nous renvoyant une image de personne qui est digne d'être aimée. L'estime de soi est également fortement dépendante de notre confiance en nous et cette confiance en nous vient de notre capacité à faire des choses.
Pour que nos enfants aient confiance en eux, ils doivent avoir l'occasion de faire des choses (adaptées à leur âge) pour se rendre compte qu'ils sont capables et surtout pour se rendre compte qu'ils peuvent se tromper, recommencer et y arriver. Il faut éviter évidemment de les critiquer ou refaire derrière eux.
Ceci implique évidemment qu'ils vont être obligés de faire des choses qu'ils n'ont pas envie de faire (laver le linge, ranger leur chambre, tondre le gazon, sortir les poubelles) mais qu'ils vont finalement accumuler des savoirs faire qui vont les faire se sentir compétents. Les priver de ces savoirs faire, c'est les priver d'occasion de prendre confiance.
Grâce à ces occasions, ils vont également apprendre que, même si ça ne marche pas du premier coup, ce n'est pas grave, on peut recommencer. Avoir confiance en soi, c'est apprendre à oser...Quel cadeau ! Et si on a eu la chance d'apprendre cela jeune, on peut alors être capable de faire ce que propose mon associée Maryse Hania dans son article "comment demander une augmentation de salaire".
Faites donc un cadeau pas cher à vos enfants : faites leur faire des choses pour qu'ils aient confiance en eux....

# Mots d'excuse : les parents écrivent aux enseignants

*Septembre 2010*

En cette rentrée des classes, tout est bon pour faire un peu d'actualité. On commence fin août avec le prix de la rentrée (plus chère? moins chère?), les polémiques sur l'allocation de rentrée où l'on soupçonne les parents "pauvres" de détourner l'allocation pour acheter un écran plat et quelques reportages sur les internats d'excellence, ceux de la dernière chance... et cette année, un livre : Mots d'excuse: les parents écrivent aux enseignants de Patrice Romain, enseignant depuis 20 ans.
A première vue, ce livre a l'air plutôt sympathique et il est mentionné dans les journaux télévisés, à la radio et dans les quotidiens.
C'est vrai que certains mots sont drôles et font sourire, voire même franchement rire. Mais j'ai personnellement été choquée et gênée par l'intimité de certains mots d'excuse. Notamment celui où la mère de famille, qui expose ses difficultés personnelles, indique qu'elle l'a mis dans une enveloppe pour en conserver la confidentialité.
Si je comprends que l'on garde l'orthographe utilisée par les parents, je m'interroge sur l'objectif d'un tel livre : rire des parents dont l'orthographe est, pour le moins, créative mais qui font l'effort d'écrire ? Je rencontre suffisamment de parents en cabinet qui sont mortifiés par leurs anciennes difficultés scolaires et qui ont du mal à gérer la scolarité de leurs enfants pour que cela me fasse rire.

Bref, vous avez compris que je me contenterais des bonnes feuilles lues dans la presse et je n'achèterai pas ce livre.

# L'art de peigner la girafe

*Septembre 2010*

Oh, la rentrée vient juste de se terminer et déjà apparaissent les premiers symptômes d'épuisement chez les mères de famille.

En même temps, que voulez-vous, après deux mois de vie un peu plus relax, avec des horaires plus flexibles, on s'habitue à prendre son temps…

Et tac, voilà la rentrée. Fin aout, la course commence au rayon du supermarché : les grands cahiers, normaux ou maxi ? Zut, on a oublié la pochette à 3 rabats. Non, celle-là, c'est celle à deux rabats. Si on se trompe, ça ne va pas. Ce n'est pas du tout la même chose, voyons !

Courses à travers les rayons du supermarché, transpiration au front et crayons à la main. Ah vous savez, Madame, nous, on prend deux caddies, un pour chaque enfant parce que sinon, on ne s'en sort pas. Vivement qu'ils soient au lycée et qu'ils choisissent ce qu'ils veulent comme fourniture !

Arrive ensuite la rentrée elle-même et la deuxième course dans les magasins parce qu'un truc vient d'être rajouté sur la liste et il le faut pour DEMAIN ! Vous travaillez jusqu'à 19h ? Vous voilà obligé-e de faire un mot d'excuse. S'excuser de travailler en ces temps de chômage, on aura tout vu.

Enfin le week-end se profile à l'horizon. Farniente ? Que nenni ! Il faut inscrire les enfants aux activités : sports, dessin, musique…Si vous avez de la routine, vous avez déjà pensé à faire le certificat médical chez le médecin en 5 exemplaires et des photos en 10.

Epuisé-e, vous rentrez chez vous avec la liste des dates/heures des entrainements et des matchs et mentalement, vous essayez de résoudre la quadrature du cercle : comment emmener Justine à la piscine en même temps que vous devrez récupérer Justin au basket à la même heure et Basil chez l'orthophoniste (qui a enfin eu un créneau pour vous).

Puis vous prenez également conscience que vous allez passer un certain nombre de week-end à faire des déplacements pour des matchs, les samedis et les dimanches au lieu de peigner la girafe dans votre lit (allez, encore un petit quart d'heure et je me lève. C'est si bon d'avoir le temps de prendre son petit déjeuner). Alors vous envisagez quelques minutes de vous mettre à travailler le samedi....

Déjà fatigué-e ? Ce n'est pas étonnant !

Qu'est-ce qui nous empêche de prendre le temps de vivre pendant l'année scolaire, comme pendant les vacances ?

Cette terrible pression sociale et culturelle qui nous fait croire que nous, parents, avons le devoir, l'obligation morale de développer chez nos enfants tout leur potentiel. A fond.

Et il faut commencer tôt, parce qu'on ne sait jamais. Si notre enfant ne développe pas son potentiel, il ne réussira pas. Et on leur fait, pour leur bien, des emplois du temps de ministre.

Chabal a commencé le rugby à 17 ans. Jimi Hendrix a commencé la guitare à 15 ans. J'ai appris le suédois à 20 ans. Arrêtons de vivre dans l'urgence et la croyance que tout est fichu si on n'a pas commencé à 6 ans !

La motivation et la quantité de travail que l'on est capable de fournir quand on est plus âgé compensent le fait de commencer (trop) tôt. Et les enfants ont besoin d'avoir du temps de s'ennuyer et les parents le temps d'être tranquilles.

Bonne rentrée à toutes et à tous !

# La femme invisible fabrique-t-elle des filles invisibles ?

*Janvier 2011*

Je rebondis sur l'article écrit par Maryse Hania " et si les femmes préféraient l'ombre à la lumière" et à l'édito de Laurence Folléa dans le Psychologies Magazine de décembre "la femme invisible".
J'ai eu toutes les fêtes pour y penser, ruminer et m'irriter devant ma télé !
Petites statistiques absolument pas fiables pour renforcer le constat :

- Un reportage d'Envoyé Spécial sur France 2 sur la Légion d'Honneur. A tout seigneur, tout honneur. Il n'y a que 3 femmes qui siègent dans le conseil qui pèse et évalue les candidatures. Ouf, M. Sarkozy a IMPOSE la parité dans la distribution de la médaille. Merci.
- 5 jours d'émissions "C dans l'air" présentées par Yves Calvi, émissions forts intéressantes au demeurant. Pas une femme invitée. Même pas dans l'émission sur "le mai 68 du Maghreb". Pourtant, dans les reportages, on a bien vu des femmes dans les manifs et c'est assez rare pour le signaler. Alors quoi ?
- Quand j'étais à la fac en première année de psycho, il y avait au bas mot, 599 filles pour 25 garçons. En doctorat, il n'y avait plus qu'une fille pour 9 garçons...

Et puis, tant que j'y suis, je vais dire aussi que j'en ai assez des caméramans (on dit comment pour les femmes ?) qui filment toujours les filles de dos en focalisant sur leurs fesses ! C'était encore le cas hier dans un reportage sur Rio de Janeiro. Et je ne parle pas de Koh-lanta... Je ne suis pas prude mais je suis lasse de l'image que cela nous renvoie, le stéréotype qui veut que les filles existent d'abord pour plaire.

Vous croyez que ça n'existe plus ? Détrompez-vous. Une mère de famille m'a rapporté que sa fille a vécu un enfer à cause de filles qui critiquaient son apparence physique : elle avait les jambes TROP musclées !

Ben oui, la pauvre, c'est difficile de faire du Snowboard et de la planche à voile sans muscles dans les jambes !

Quelle image envoie-t-on à nos filles ?

Heureusement que l'on a Christine Lagarde au ministère de l'économie et Dilma Rousseff comme exemples de femmes qui sortent de l'ombre. Et encore d'autres, quand on y pense. J'aime particulièrement Marie Curie. 2 prix Nobel. Personne n'a fait mieux. Et elle est la preuve que les maths et la physique ne rendent pas les filles moches, ne les transforment pas en mégères stériles et ne font pas fuir les hommes.

Encourageons nos filles à prendre la parole à la maison et dans leurs groupes de copains mixtes (entre filles, il n'y a souvent pas de problème !). Montrons-leur que leur opinions, leurs idées et leurs projets ont de l'importance et sont dignes d'entendus.

Les filles ont aussi leur place dehors, dans l'espace public. Poussons-les dans la lumière !

# Parents, grands-parents : une place pour chacun

*Avril 2011*

J'ai animé une conférence sur la place des parents et des grands parents dans l'éducation des enfants au Vésinet. Cette soirée a été riche en échange et je remercie toutes les personnes qui sont venues et qui ont partagé leurs expériences.

Voilà quelques extraits choisis de cette soirée

### Le rôle des parents

Ce sont les premiers éducateurs de leurs enfants avec trois rôles importants ; un rôle nourricier et d'affection, un rôle d'autorité et de structure et un rôle de maitre d'apprentissage.

Ils peuvent déléguer une partie de leur rôle à des personnes choisies

Ils sont les chefs de famille.

### Le rôle des grands parents

Il a beaucoup évolué ainsi que l'image des « séniors »

Les grands-parents font partie de la famille et à ce titre, ils ont le **droit** de rencontrer leurs petits-enfants.

- Rôles possibles auprès de leurs enfants :

Soutien moral, affectif, financier, logistique

- Rôle auprès de leurs petits-enfants :

Liens affectifs sans obligation éducative, inscrire les petits enfants dans la lignée de la famille (transmission), une certaine sagesse (voir les choses à long terme) et du temps pour jouer….

## Grands-parents-petits enfants

Grands-parents → petits enfants

- Liens affectifs sans obligation éducative
- Transmission de l'histoire familiale et sentiment d'appartenance à cette famille
- Un refuge hors de l'agitation quotidienne
- Un point familial fixe (famille recomposée)
- Des confidents
- Du temps pour jouer ensemble

Petits-enfants→ grands-parents

- Des liens affectifs
- Le plaisir de voir le résultat de l'éducation de ses propres enfants
- Un lien direct avec le monde d'aujourd'hui (garder le gout de la vie ? se sentir dans le monde ? se sentir utile ?)

## La coopération

Les parents sont responsables de l'éducation de leurs enfants
Leurs choix doivent être respectés par les grands-parents (sauf danger pour les enfants)
Les choix des grands parents doivent aussi être respectés. ils ne sont pas corvéables à merci et ont le droit d'avoir leur façon de faire.
Leurs rôles sont différents et complémentaires pour le bien des enfants

### Les « invasions » de territoire

- Les parents qui se laissent envahir

Quand on est parent, on reste aussi l'enfant de ses parents MAIS on est un enfant adulte

Quand on fonde une famille, on quitte son père et sa mère et on est responsable dans son nouveau foyer

Un jour ou l'autre, il faut affirmer clairement sa position d'adulte face à ses parents et imposer ses choix éducatifs.

La bible dit « tu quitteras ton père et ta mère » et la sagesse populaire affirme « on ne doit pas voir de chez soi la cheminée de ses parents qui fume » et « habite assez loin de chez ta belle-mère pour qu'elle soit obligée de mettre ses gants et son chapeau pour venir te voir « (Merci à la dame qui m'a fait part de ces expressions, redites de mémoire)

- Les grands parents qui se laissent envahir

Moyenne d'âge pour le premier petit enfant : 55 ans

Les grands parents ont le droit à une vie personnelle et privée entre le moment où ils terminent l'éducation des enfants et celui où ils prennent en charge leurs parents.
Ils ne sont pas corvéables à merci.
Ils ont le droit de ne pas avoir envie de s'occuper de leurs petits-enfants quand ça arrange les parents

**Communiquer autrement (parents)**

Discutez ouvertement de ses choix éducatifs

- Communiquer d'adulte à adulte avec ses parents en demandant clairement ce que l'on veut
- Être prêt à entendre un « non »
- Chaque parent doit prendre position face à ses propres parents (et non face à sa belle-mère ou beau-père)
- Si on fait confiance, faire confiance jusqu'au bout sans chercher à tout contrôler
- Comprendre qu'il est bon pour les enfants de faire l'expérience d'un autre mode de vie

**Communiquer autrement (grands-parents)**

- Être clair sur ce que l'on est prêt/capable de faire ou pas

- Accepter que l'on n'est pas l'éducateur de ses petits-enfants et que l'on n'a pas à remettre en cause les choix éducatifs des parents (sauf exception)
- Discuter avec les parents des valeurs les plus fondamentales pour eux et les respecter sans les dénigrer

**Conclusion**

Chacun a sa place au sein de la famille avec des rôles importants pour chacun

Les parents et grands-parents doivent évoluer dans leur relation pour passer d'une relation parent-enfant à une relation d'adulte à adulte

Chacun doit poser ses limites

Il peut parfois être nécessaire de limiter l'influence des grands-parents au strict minimum tout comme certains grands-parents font le constat de l'incapacité de leurs enfants à élever leurs petits-enfants....

## *Dis maman, pourquoi tu rentres si tard ?*

*Mai 2011*

Je partage avec vous l'article que j'ai écrit pour Maviepro.

Les enfants ont le chic pour poser les questions qui appuient là où ça fait mal ! Et il n'est pas aisé de leur répondre car on a souvent l'impression qu'ils mettent le doigt sur une de nos faiblesses, une de nos défaillances. La plupart du temps, on répond alors avec nos tripes comme si on avait été attaqué : « ça ne te regarde pas », « arrête de te plaindre, c'est ça qui paye le loyer et tes baskets hors de prix ». Ou bien on a le choix de sentir totalement mortifiée et on passe la soirée à s'excuser « oui, je sais que je rentre tard, je n'ai pas le choix » sous-entendu « Me pardonneras-tu d'être une mauvaise mère ».

**Il y a une troisième voie.** Au lieu de penser que votre enfant appuie là où ça fait mal, dites-vous plutôt que votre enfant vous pose une question à laquelle il attend une réponse importante pour lui pour comprendre le monde (eh non, il s'agit peut-être pas de vous).

« Dis maman, combien tu gagnes ? » : au lieu de penser que c'est une critique parce que vous ne gagnez pas assez d'argent ou une tentative de putsch sur votre porte-monnaie si vous gagnez très bien votre vie, posez la question « pourquoi me poses-tu cette question ? », « est-ce important pour toi de savoir combien je gagne ? » et vous pouvez expliquer que c'est une information confidentielle que vous pouvez décider de partager avec lui-elle en fonction de son âge. Vous allez peut-être découvrir que votre enfant se pose des questions sur son avenir, les salaires et cherche simplement un repère entre ce qui est un bon salaire ou un salaire moyen.

« Dis maman, pourquoi tu ne travailles pas ? » : là encore, si votre enfant est assez jeune, il cherche simplement à se faire une idée du monde qui l'entoure. Il y a des mamans qui travaillent, des mamans qui ne travaillent pas. Il veut simplement avoir une explication pourquoi. Il a peut-être des copains dont les mères ne travaillent pas parce qu'elles viennent d'être licenciées et il se demande si c'est votre cas. Si votre enfant est ado, il-elle est peut-être en train de se poser des questions sur la place du travail dans la vie. Engagez la discussion. Parlez de vos valeurs et de vos choix. Votre ado a besoin de réponses claires qui lui posent des repères.

« Dis maman, pourquoi tu travailles ? » : répondez franchement. Parce que vous avez besoin d'argent, parce que vous aimez travailler, parce que c'est difficile pour un adulte de passer sa journée uniquement à parler avec des enfants....Si votre enfant est ado, il y a fort à parier qu'il-elle a besoin d'une vraie discussion autour de la question du travail, de sa place dans la vie et de ses choix futurs : travailler pour vivre ou vivre pour travailler. Préparer vous une bonne discussion philosophique sur le canapé ou dans la cuisine.

« Dis maman, pourquoi tu rentres si tard ? ». Et tac, vous sentez le poignard de la culpabilité dans la poitrine ! Stop ! Centrez-vous sur votre enfant. Posez des questions pour savoir qu'est-ce qui lui manque ou s'il s'est inquiété. « Je t'ai manqué ? tu aurais voulu que l'on fasse un truc ensemble ? ». « Oui, ma récitation » « ça te va si on la fait demain matin ? Après le petit déjeuner ? »

« Dis maman, pourquoi on est pauvre ? » c'est une question très difficile qui renvoie à notre incapacité d'offrir à notre enfant tout ce qu'on voudrait lui offrir et à la tristesse que cela provoque en nous. Mais là encore, avant d'être frappée par la culpabilité, centrons-nous sur l'enfant. « On est pauvre parce que je ne gagne pas beaucoup d'argent (par exemple). Pourquoi tu me poses cette question ? Qu'est-ce que ça t'empêche de faire que l'on soit pauvre ? Raconte-moi. » Vient ensuite la partie la plus difficile. Ecoutez votre enfant et l'accompagner dans la tristesse qu'on peut avoir de ne pas avoir ce que les autres ont. Mais c'est une bonne chose à faire. Et puis on peut aussi jouer à « qu'est-ce qu'on ferait si on gagnait au loto ? » et rêver un peu.

« Dis maman, pourquoi tu travailles aussi le week-end ? » : ce n'est pas non plus forcément un reproche ! Ce n'est peut-être qu'une constatation. Et votre enfant veut savoir pour comprendre. Expliquez-lui. Si vous voulez savoir s'il-elle en souffre, demandez-lui « Pourquoi ? Tu veux dire que tu regrettes que je travaille le week-end ? ». Si vous découvrez que votre enfant voudrait aller faire des ballades, proposez une balade le lundi soir (c'est moins routinier, cool !).

« Dis maman, pourquoi ton patron t'appelle toutes les cinq minutes ? ». Là je crois que la prunelle de vos yeux a mis le doigt sur quelque chose ! C'est vrai, ça, pourquoi il vous appelle toutes les cinq minutes ? Je crois que vous avez besoin d'apprendre à vous affirmer illico-presto, à trouver le bouton off sur le téléphone ou à déménager dans un lieu béni sans connexion internet ou réseau mobile !

# Football féminin : enfin la sortie du bois ?

*Mai 2011*

Jeudi 26 mai, allongée sur mon canapé, je comate et zappe. Tiens, je tombe sur du foot. Tiens, c'est bizarre, les joueurs sont ... différents...Ah mais oui, c'est des femmes !

Oui des femmes, pas de filles !

(Qu'est-ce que je me suis énervée sur les commentateurs : les filles ceci, les filles cela...Ou bien encore "les jeunes filles". Pitié ! Elles ont entre 22 et 30 ans ! Je crois qu'on peut arrêter de les dévaloriser. Ce sont des femmes qui jouent, pas des filles, tout comme les équipes masculines sont composées d'hommes et pas de garçons. Bon, je me calme et je ferme la parenthèse).

Donc il y a des femmes qui jouent et surprise : l'image n'était pas trop mauvaise. La dernière fois que j'ai vu un match de femmes (de la coupe d'Europe, je crois), on avait l'impression de voir une vieille cassette VHS.

Et troisième surprise, je constate que le match est sympa à regarder : les joueuses sont très actives, il se passe toujours quelque chose sur le terrain et surtout les joueuses ne se roulent pas par terre en hurlant dès qu'il y a un contact.

Miracle, j'ai regardé jusqu'au bout et j'étais contente que les Lyonnaises gagnent. C'était un chouette spectacle.

Je vais peut-être regarder la coupe de monde féminine de foot. Il parait que c'est bientôt. Ah bon, vous êtes comme moi ? Vous n'avez pas été ébloui-e par toute la pub autour de cet évènement ? On n'en a pas fait des caisses à propos de l'équipe française ? On n'a pas été tout ébahi-e par les investissements mirifiques faits par la fédération pour assurer les meilleures conditions à l'équipe (hôtel isolé, super classe) ?

Alors quelques chiffres (tiré du Monde du 28 mai) pour remettre les pendules à l'heure et titiller votre esprit rebelle :

- Prix du billet pour assister à la finale de la ligue des champions version femmes : 5 euros. A ce prix, vous pouviez y aller en famille et avoir des sous pour un hotdog. Tarif finale hommes : 250 euros.
- budget de l'équipe lyonnaise féminine : 3.5 millions d'euros (à ce prix, on voyage en train ? on couche au formule un avec toilettes sur le palier?..). Equipe masculine : 150 millions. no comment.
- Salaire mensuel de Lotta Schelin, la joueuse la mieux payée : 12 000 euros. Gourcuff : 300 000 euros. là aussi, no comment.
- Marseille : pas d'équipe féminine.
- chaines de télé qui ont retransmis la finale de la ligue des championnes : direct8 et Eurosport. En Allemagne, c'était la ZDF.

Bon vous voulez les dates de coupe du monde : du 26 juin au 17 juillet en Allemagne. Le tarif de la finale est de 200 euros seulement....

Pour la retransmission des matchs, je n'ai pas réussi à trouver d'infos sur les chaines télés qui retransmettent....
Eh bien, pour la parité, il y a encore du chemin.

# Salon de beauté pour les petites filles : détournement de soins

*Juin 2011*

La semaine dernière, j'ai regardé avec curiosité un mini reportage sur les salons de beauté qui accueillent les 6-15 ans. J'ai trouvé aussi des articles sur le sujet dans la presse écrite notamment dans l'Express.

A part le rejet immédiat de la sexualisation précoce des filles, je trouve que les articles sont quand même assez superficiels et sur le ton de "mon dieu, c'est horrible, ce ne sont que de petites filles !".

Mais c'est un peu court et pas assez nuancé pour avoir de l'effet. Prenons par exemple l'âge. Dans l'article de l'Express, une dame est interviewée à propos de ses deux **fillettes** de 13 et 9 ans.

Là, on fait une distorsion dans la façon de présenter les choses. Une fille de 13 ans n'est pas une fillette. Elle peut être réglée et faire 1m70. Et c'est ce qui fait la différence avec sa sœur de 9 ans qui joue aux Barbies et a des socquettes blanches.

L'une est sans doute pubère et l'autre pas.

A mon avis, une fille prépubère n'a rien à faire dans un salon de beauté. L'emmener au salon de beauté, c'est de la sexualisation précoce. La féministe en moi se révolte. A cet âge, on a autre chose à faire qu'à apprendre à plaire. (Si vous voulez, vous pouvez lire mon article sur la sexualisation précoce des filles et ses effets.)

En revanche, une fille pubère doit être accueillie dans le monde des femmes et certaines coutumes font partie de cette appartenance :

mettre des soutiens-gorge, se regarder les fesses dans la glace pour essayer de voir si la marque de la serviette hygiénique ne se voit pas, se maquiller, pouffer bêtement avec ses copines ou s'épiler les jambes.

Donc, il n'y a rien de choquant que de voir une mère et sa fille partager des moments d'intimité en faisant des trucs de filles.
Mais faire des trucs de filles, ça peut être aussi autre chose que de s'épiler ou de comparer les dernières crèmes contre les rides. On peut aussi se regarder un bon mélo en faisant une grande consommation de mouchoirs, aller à la piscine, faire une rando, ou prendre une semaine de vacance all inclusive dans un hôtel pas cher en Tunisie, se faire un petit week-end en partant en voiture et s'arrêter sans discuter à chaque fois que l'on a envie de faire un petit pipi.....
Finalement, le problème de ces salons de beauté pour les petites filles (qui ne sont quand pas si nombreux), c'est qu'ils finissent par nous faire croire que la seule chose qui caractérisent la spécificité des femmes quand elles veulent "s'occuper d'elles", c'est de se rendre belles.
Et je ne parle pas du fait non plus qu'on nous présente la norme du "sans poil" comme étant évidente. Sauf que justement, c'est le poil qui distingue la femme adulte de la fillette.
Mais bon, parler de poils, c'est carrément subversif. C'est encore plus choquant que ces salons de beauté pour fillettes qui préfèreraient sans doute aller faire un tour dans un zoo pour caresser les lapins ou les biquettes que d'avoir les pieds dans un bocal à poissons.
Et, vous, qu'est-ce que vous en pensez des salons de beauté, du maquillage et de l'antiride pour les vieilles de 5 ans ?

## *Evaluations en maternelle*

*Octobre 2011*

Bon, depuis que j'ai entendu les déclarations de notre cher ministre de l'éducation sur des évaluations de maternelle, j'ai des boutons ! A force de rencontrer des enfants en difficulté scolaire pour des raisons diverses et variées, je fais des bonds quand j'entends qu'on va faire des évaluations. Comme si les évaluations résolvaient les problèmes.

J'ai quand même fait l'effort d'aller aujourd'hui sur le site du Monde pour y lire une interview de Luc Chatel, espérant lire un truc un peu plus éclairé.

Et bien c'est pire que ce que je croyais. Ses explications ne sont pas du tout claires et il confond quand même beaucoup de choses. Ce qui laisse mal augurer de la suite.

Revue de détail :

Des enfants à risque aux enfants fragiles : d'abord on parle d'enfants à risque puis d'enfants fragiles. De quoi parle-t-on ? De futurs délinquants ? D'enfants souffrant de troubles des apprentissages ? Ah, non, on parle des enfants qui risquent d'être en échec scolaire ! Donc il faut repérer les lacunes. Bon, mais faut-il vraiment faire des évaluations pour ça ? N'a-t-on pas déjà une foultitude de tests psychométriques qui peuvent être faits par des psychologues scolaires pour repérer les troubles de l'apprentissage ?

Ah, vous me dites qu'il n'y a plus de psychologues scolaires. Ah, je comprends mieux.

Ensuite, le ministre fait le grand écart pour expliquer la différence fondamentale entre ces futures évaluations qui n'en sont pas mais qui sont plutôt des tests mais pas des tests comme ceux de CM1 et de 6ème (j'espère que vous suivez encore...). En fait les tests de CM1 et 6ème (qui sont des évaluations nationales) ne seraient des évaluations que du système scolaire français. Ah bon ? Mais pourtant on donne les résultats aux parents et il semble bien que les enseignants les considèrent comme des évaluations des élèves ! Mais visiblement, on ne vit pas sur la même planète.

Et ce n'est pas fini. M Chatel se défend ensuite sur l'évaluation des comportements et nous rejoue le couplet "tout se joue avant 5 ans". En fait, il veut repérer les enfants qui viennent de "milieux culturellement défavorisés" et qui n'ont pas assez de vocabulaire. Ah, j'ai compris, c'est la faute des salauds de pauvres qui n'apprennent pas à leurs enfants à parler et qui ne les emmènent pas à la bibliothèque ! J'aurais dû y penser plus tôt ! C'est vrai, ça, l'école n'est pas le lieu pour apprendre. On doit être conforme AVANT d'y entrer. Ben, fallait le dire tout de suite.

Et on est sensé combattre l'échec scolaire avec ça !

Et évidemment, il n'est pas indiqué comme on va faire ensuite, quand les difficultés auront été repérées. Il y a de moins en moins de médecins scolaires, de maitres E ou de maitres G. A-t-on vraiment les moyens de ne pas faire l'effort de former tous les enfants ?

C'est bien gentil de mettre des étiquettes mais encore faudrait-il que cela mène à des actions efficaces. Mais là, pas la moindre trace de début de commencement de solutions…

Le ministre critique les profs en disant qu'ils n'ont pas la culture de l'évaluation de leurs pratiques. C'est sans doute vrai mais c'est aussi vrai pour lui car j'aimerai bien qu'on évalue l'effet de ses annonces sur la prise en charge des enfants ayant des difficultés ! Et puis il devrait peut-être évaluer la qualité de sa communication à la quantité d'incompréhensions qu'elle suscite (puisque c'est son argument "on ne m'a pas bien compris").

Bon allez, je vais être sympa, il a dit un truc bien : il faut tester la conscience phonologique des enfants (leurs capacités à comprendre la segmentation des mots en sons) parce que c'est un prérequis de la lecture. Mais il me semble bien que c'est une capacité qui s'acquiert en maternelle grâce à des exercices. Et si ça ne marche pas bien, je vous conseille de prendre RDV avec un orthophoniste sans tarder…

Bon, j'étais un peu énervée aujourd'hui...

## La téléréalité : bonne ou mauvaise pour nos filles ?

*Février 2012*

Je suis tombée, au mois d'octobre (le temps passe vite !), dans Libération, sur un article intitulé "la téléréalité rend salope".
On peut toujours faire confiance à Libé pour trouver des titres pas piqués des hannetons...
Mais l'article a piqué ma curiosité et je suis allée faire un tour aux sources de l'étude des Girls Scouts américaines.
Alors effectivement, la téléréalité consommée à haute dose et sans recul fait des dégâts : les filles qui regardent ce genre d'émissions pensent :

- qu'il est normal d'avoir et de créer des conflits avec son amoureux (80%),
- qu'il est normal de traiter mal les autres (70%)
- qu'il faut entrer en compétition avec les autres filles pour avoir l'attention des garçons (74%)
- et que l'on réussit dans la vie en étant méchante et manipulatrice

Bref, ce genre d'émissions incite les filles (et peut-être les garçons, à quand une étude ?) à penser qu'on doit se comporter dans la vie comme dans les émissions de téléréalité si on veut réussir.
En plus, les filles qui regardent régulièrement pensent que la valeur des filles est liée à leur apparence et elles passent beaucoup de temps à la soigner.
On en viendrait à regretter "la petite maison dans la prairie» !
Alors, on fait quoi, on brule la télé ?
Heureusement, l'étude dit aussi d'autres choses : elle dit que la téléréalité est un sujet de conversation avec les parents, que les filles qui regardent développent une conscience sociale et que surtout, elle

incite les filles à penser qu'elles peuvent réussir ce qu'elles veulent dans la vie !

C'est assez incroyable qu'un ramassis d'ineptie puisse avoir cet effet-là. C'est un peu comme la critique des poupées Barbie. Les Barbie sont des caricatures des femmes qui ont peur de se casser un ongle mais en même temps, il n'y a qu'elles (comme poupée) qui permettent aux filles d'être autre chose, dans les jeux, que des mères de famille ; Elles peuvent aussi être pilotes d'avion ou médecins.

Finalement, ça redonne confiance, cette étude. Les jeunes sont capables de trouver, dans du fumier, la petite fleur dont ils ont besoin pour respirer et grandir.

Un dernier conseil quand même : informez bien vos enfants que la téléréalité est scénarisée car ils ont tendance à croire c'est la réalité.

D'ailleurs, je me suis toujours demandé si dans Koh Lanta, les caméramen torturaient les candidats en mangeant des jambons-beurre sous leur nez....

## *L'argent de poche*

*Mars 2012*

J'ai récemment été interrogée par une journaliste du magazine Bébézine à propos de l'argent de poche.

Voilà une question qui m'a été posée par la journaliste :

L'argent de poche doit-il, chez l'enfant, être donné sous forme de récompense ou bien sans aucune contrepartie ?

On peut l'utiliser des deux manières, selon son choix.

On peut toujours donner de l'argent comme récompense pour un bon bulletin, une réussite particulière mais il faut veiller à ne pas en donner trop.

Par exemple, ne donnez pas 100 euros pour un bon bulletin. 10 euros peuvent suffire pour montrer que l'on est très satisfait. Donner 50 euros pour avoir nettoyer la voiture, c'est trop par rapport au prix d'une heure de travail.

On peut donner de l'argent régulièrement sans contrepartie pour que l'enfant apprenne à se familiariser avec l'argent.

On peut aussi donner l'argent en contrepartie de corvées à réaliser à la maison. Par exemple, si l'enfant doit ranger sa chambre, débarrasser la table et sortir les poubelles, on peut toutes les semaines dire : 50ct pour la chambre, 50 cts pour les poubelles et 50 cts pour la table. Si l'enfant n'a fait que sa chambre et les poubelles, on lui donne 1 euro.

## L'autorité : paternelle ou maternelle?

*Juin 2012*

Lors d'une conférence débat que j'ai animée à Montesson, une personne de l'assistance m'a posé une question très intéressante : Faites-vous la différence en l'autorité paternelle et l'autorité maternelle?

Ma réponse est "non" surtout si on sous-entend que le père représente l'autorité et que la mère n'est qu'un relais de l'autorité du père. Et quand je lis certaines phrases comme celle-ci "C'est au père de poser les limites, et à la mère de les rappeler quand il n'est pas là en faisant référence à lui", je bondis ! Le père et la mère ne parentent pas les enfants de la même manière, mais distribuer les rôles de cette façon uniquement sexuée comme on le faisait au siècle dernier et présenter cela comme une loi universelle me semble abusif. Ce n'est pas parce que le père représentait l'autorité au XIXème siècle que cela justifie de transformer cela en loi psychologique (sous l'autorité du père Freud ou Lacan).

Franchement, ce que je vois dans la vie de tous les jours, c'est que c'est le parent qui passe le plus de temps avec l'enfant qui fait le plus preuve d'autorité en posant des actes et en mettant des limites fermes. C'est en général le cas des mères de famille qui n'arrêtent pas de dire "non» : "non, tu n'auras pas de bonbons avant de manger. Non, tu dois aller te coucher, c'est fini de regarder la télé...". Alors elles ne sont pas toujours efficaces à cause de l'usure !

Et je vois aussi que le parent avec lequel l'enfant passe le moins de temps a plus d'autorité parce que l'enfant le connait moins et est moins sûr de ses réactions. Et je vois aussi tous les jours des pères qui n'ont pas envie d'être transformés en père fouettard dès qu'ils rentrent à la maison et des mères qui n'ont pas l'intention de se faire marcher sur les pieds par leur progéniture que le père soit là ou non.

Alors que l'on soit père ou mère, il est important de mettre des limites aux enfants. Et il est bon de s'entendre entre parents sur les limites à tenir pour avoir une certaine cohérence : "dans cette famille, on se parle correctement. Excuse toi immédiatement !", "C'est l'heure de se coucher. il est 20h, c'est l'heure des parents. Tu as eu l'histoire et le câlin. Tu te couches. Maman et moi on veut être tranquille pour regarder notre film ! «A éviter : tirer le tapis sous le pied de l'autre parent en allant à l'encontre d'une limite qu'il ou elle vient de poser. "Oh, Maman t'a puni de bonbon parce que tu n'as pas rangé tes feutres ? Allez viens, on va aller en acheter"...Même si on n'est pas toujours d'accord, il ne faut pas remettre en cause l'autorité de l'autre et plutôt lui en parler en privé pour dire ce que l'on a à dire.

En tout cas, père ou mère, osez être ferme et poser des limites, c'est une façon de protéger les enfants.

Comme me l'a dit une responsable de Relais Assistante Maternelle : imaginez que votre enfant doit marcher sur un pont suspendu en corde et planches de bois. Poser des limites et des règles, c'est mettre des protections sur les côtés pour que l'enfant ne tombe pas et puisse faire son chemin sans risque. (Merci Anne Sophie).

# La gamification

*Aout 2012*

Bonjour à toutes et à tous après cette interruption de l'été.

J'en ai bien profité pour me reposer, lire, discuter, aller me baigner... et j'espère que vous avez, vous aussi, pu prendre soin de vous. Aujourd'hui, j'ai choisi de partager avec vous un concept que je viens de découvrir : la gamification.

Bon, c'est un mot un peu barbare, un anglicisme qui vient du mot "game", jeu, et qui concerne l'application du fonctionnement des jeux à toutes sortes d'applications : l'enseignement, le marketing etc...

Visiblement, ce concept existe depuis les années 80 lorsque des chercheurs du célèbre MIT (Massachusett Institute of Technology) ont étudié des jeunes qui jouaient à des jeux vidéo pour voir ce qu'ils apprenaient et ce qu'il était possible de transférer pour les apprentissages de base.

Aujourd'hui, il y a toujours des gens qui s'intéressent à l'usage des jeux dans la formation et l'enseignement.

Mais, il y en surtout beaucoup qui s'intéressent à la possibilité d'utiliser les jeux pour nous vendre des trucs ou nous pousser à la consommation !

Ex : On pourra équiper les boites de céréales ou les brosses à dents de senseurs et à chaque fois que l'on mangera des céréales ou que l'on se lavera les dents, on gagnera des points. Et même temps que ça fera "ding" quand les points augmentent, ça fera "ding" dans leur tiroir-caisse !

Sur le livre électronique Kobo, on gagne déjà des badges ou des vignettes au fur et à mesure de la lecture (plus de X livres, tant d'heures etc...) mais bon, je dois dire que réduire l'attrait au jeu au plaisir de gagner des points est peut-être un peu limité.

Les jeux sont en tout cas utilisés déjà maintenant pour collecter des infos sur nos habitudes. Par exemple, si vous jouer à des jeux sur Facebook, vous partagez toutes vos infos persos avec les propriétaires du jeu !

Plus intéressant : l'utilisation des jeux pour résoudre des problèmes de la vie réelle.

C'est l'exemple du jeu "world without oil", un monde sans pétrole. Comme dans un jeu de rôle, 1500 personnes dans le monde ont joué pendant 32 semaines à vivre "pour de la fausse" dans un monde sans pétrole. L'objectif ici était de faire collaborer des gens sur une base de jeu pour trouver des solutions à des problèmes du monde réel. Et ce qui est extraordinaire, c'est qu'effectivement, les gens, dans un esprit coopératif souvent propre aux jeux multijoueurs, ont trouvé des solutions et les ont appliqués dans la vraie vie: aller au travail en vélo, faire un potager dans le jardin. Et là, c'était le plaisir du jeu et d'aller toujours plus loin dans le jeu qui était le moteur car il n'y avait pas de gain.

L'une des inventeurs du jeu, Jane McGonigal, dit que son objectif pour le futur est d'utiliser les jeux pour qu'il soit aussi facile de sauver le monde en vrai que dans les jeux vidéo en utilisant le potentiel de tous les joueurs.

En tout cas, ce que je retiens d'intéressant dans la gamification, c'est que loin de fabriquer des psychopathes tueurs à la chaine, les jeux favorisent chez les joueurs des attitudes et compétences particulières très utiles

- les joueurs sont optimistes : ça vaut toujours le coup d'essayer. Si on se plante, ce n'est pas grave, on recommence

"oh, zut, bon allez, je recommence". (dans la vraie vie, on est plutôt submergé par les échecs "je suis nul").
- ils nouent des relations sociales basées sur la coopération et la confiance, car dans les jeux multijoueurs, il y a toujours quelqu'un pour vous donner un coup de main.

Donc, oui, nos enfants apprennent des choses en jouant et selon Jane McGonigal, il serait urgent que l'on utilise ces compétences et attitudes à résoudre des vrais problèmes parce que nos enfants ont besoin qu'on leur donne des missions inspiratrices.
Dieu sait qu'il y a de quoi faire.
Bon, j'espère que je n'ai pas été trop longue ou fastidieuse ! Mon enthousiasme m'a emporté !
Et si vous avez été au bout de cette lecture, et que vous écrivez un commentaire, je vous enverrais un joli badge !

## Stéréotypes féminins

*Novembre 2012*

Je viens de lire un article : « Dans « un grand souci pédagogique », Le Robert Junior stigmatise les filles » de Rémi Leroux. Il est tout à fait édifiant. Les exemples pour expliquer les mots aux enfants sont bourrés de clichés sur les filles et sur les garçons ! Les filles sont des pestes, les garçons courageux !

Suite à cette affaire, certains ont également découvert un dictionnaire des écoliers, édité par l'éducation nationale qui est encore plus stéréotypé. Exemple : La définition du "père" : *"C'est le mari de la maman, sans lui la maman ne pourrait pas avoir d'enfants. C'est le chef de famille parce qu'il protège ses enfants et sa femme."*

Alors, pour être juste, il faut quand même savoir que ce sont des élèves qui ont créé les définitions. Bon, on peut reprocher aux enseignants de ne pas avoir corrigé ensuite pour le rendre plus politiquement correct. Mais un travail d'élève a-t-il pour finalité d'être lissé pour faire plaisir ? Non, car le vrai travail collaboratif comporte toujours un risque, celui de donner un résultat inattendu. Sinon, ce n'est plus un travail coopératif ! C'est un travail téléguidé par l'enseignant où la liberté créatrice a disparue.

Bien sûr, je ne cautionne pas la mise en ligne sans correction de ce dictionnaire car entre faire un travail collaboratif et en donner le résultat sans précaution, il y a de la marge. Ce dictionnaire ne peut pas être un modèle pour tous les élèves. Par contre, il est un bon document de départ pour faire un travail sur les stéréotypes et la manière dont ils se propagent ou dont ils persistent... Allez, je propose un nouveau travail collaboratif pour des élèves de collège (troisième) ou en cours de philo en terminal : corrigez moi tout ça !

En tout cas, j'ai encore plus d'exemples pour ma conférence de vendredi sur la sexualisation précoce des filles!

## Sexualisation précoce des filles et jeux vidéo

*Novembre 2012*

J'ai fait une conférence hier soir sur la **sexualisation précoce** des filles.

Pour illustrer ma conférence avec des faits récents, j'ai fait quelques recherches sur le net et je suis tombée sur un site de jeux en ligne pour filles.

Je n'avais jamais pensé à regarder les jeux en ligne. Bon, c'est des jeux gratuits. Je les pensais plus inoffensifs que les soutiens-gorge rembourrés pour filles de 8 ans ou autre émission de téléréalité ressemblant à un marché à la viande !

Eh bien, les bras m'en sont tombés !

J'ai découvert un monde : le monde des jeux de séduction et de bisous. Je suppose que le public visé commence à 6 ans (franchement à partir de 10 ans, je suppose que les filles jouent à autre chose tellement c'est indigent).

Voici un extrait de l'introduction :

*"Tu as aimé Jeu De Séduction : Habiller, Maquiller Et Coiffer! ? Tu aimeras ces jeux séduction.*

*Les jeux de séduction sont sûrement les jeux de filles les plus complets et les plus variés du net. Et ils attirent naturellement toutes les filles qui se demandent bien quels jeux pour filles peuvent se cacher dans cette catégorie très girly.*

*Pour faire simple, ces jeux pour séductrice en herbe se divisent en 2 catégories principales.*

*D'un côté, les* **jeux de beauté** *et de mode dans lesquels tu vas t'amuser à habiller et maquiller une jeune fille ou un top model. Elle veut être la plus belle pour séduire soit un jeune garçon soit un jury pour un casting. A toi de faire de ces filles des reines de beauté et essaie d'obtenir la meilleure note (100 points) pour* **atteindre ton objectif : séduire***. Pas si simple finalement d'être une grande séductrice. Alors teste vite ton pouvoir de séduction avec cette super sélection de jeux pour filles.*

*La deuxième catégorie des jeux de séduction comporte bien évidemment tous* **les jeux de bisous***. Ils sont super drôles et te permettent de travailler tes réflexes. Tu vas devoir soit aider des amoureux à s'embrasser sans être vus soit les aider à se retrouver ! De super moments à t'amuser pour tester ta séduction !"*

Eh bien, tout est dit : les jeux de fille se réduisent à la séduction : se coiffer, se maquiller et séduire.

Il ne manque plus que les jeux de cuisine pour se préparer à la suite car tout le monde sait bien qu'on attire avec sa beauté et puis quand on vieillit et qu'on devient moche, on le retient avec son estomac...

A côté de ce genre de jeux, la poupée Barbie ressemble à une nonne.

Ma collègue et amie Maryse Hania a encore de beaux jours devant elle, elle qui travaille sur l'affirmation de soi au féminin et la question de l'influence du genre dans le domaine managérial. Nous lui préparons des générations de filles qui vont devoir apprendre à se réaliser au-delà des rôles prescrits par les médias de toute sorte.

J'ai appris qu'il existe des poupées "pole dance". Si jamais vous en trouvez dans vos magasins de jouets préférés, s'il vous plait, envoyez-moi une photo.

## Mariage pour tous et nom des enfants

*Février 2013*

Ah, ce que je ris de voir des députés s'époumoner et se rengorger sur "l'effacement" du père lors des discussions sur l'attribution du nom de famille des enfants.
Bon, je ris, je ris... Je m'énerve aussi de tant d'ignorance, voire, je désespère....
Donc, avec le mariage des homosexuels, se pose la question du nom des enfants. Normal, me direz-vous. Avec deux mères, qui va transmettre sa "puissance paternelle» ?
Donc la proposition de loi est la suivante : si les parents ne se mettent pas d'accord, on colle les deux noms des parents (par ordre alphabétique) et c'est marre ! Et comme finalement, on met fin au monopole du nom du père (et je précise que je ne parle pas de Lacan), c'est la fin du monde.
Je suppose que l'on a cru aussi que ce serait la fin du monde quand les femmes exigeraient de garder leurs noms patronymiques au lieu de devenir Mme Pierre Dupond.

Alors petit tour du monde des transmissions des noms de famille.

Espagne : je ne sais pas comment se porte la virilité des fiers espagnols mais il me semble que leurs enfants portent déjà les deux noms de leurs parents. Visiblement, pas de séisme symbolique à l'horizon.

Suède : alors là, c'est encore mieux. Lors du mariage, les deux époux choisissent de garder chacun leur nom ou prendre le nom de l'un des deux. Donc le mari peut prendre le nom de sa femme. Et ensuite, ils choisissent le nom des enfants ensemble (une condition : tous les enfants doivent avoir le même nom). Donc le nom de la mère, du père ou des deux. Ces fiers nordiques sont-ils devenus inexistants et falots pour autant ? Allez poser la question à Zlatan si vous osez !

Islande : encore un autre système. Votre nom de famille, c'est le prénom de votre père avec "son" (fils de) ou "dottir" (fille de) à la fin. Donc si votre père s'appelle Sven et que vous êtes une fille, vous vous appelez "Svendottir". Donc, finalement, c'est horrible parce que les pères, là-bas, n'ont même pas de vrai nom de famille. Mais comment font-ils pour se sentir encore des hommes, ces descendants de vikings ?

Alors, comment dire... En matière de famille comme d'éducation, il y a plusieurs façons d'écorcher un lièvre et dans nos temps modernes, on peut même l'acheter coupé et congelé. Il y a bien des façons de fabriquer des pères et des familles et la transmission de son nom n'est qu'une possibilité parmi d'autre d'exercer sa paternité. Et cette transmission est plutôt un témoignage de notre histoire et de l'évolution de notre code civil plutôt qu'une nécessité absolue pour transmettre une structure d'étayage à ses enfants.

Alors s'il vous plait, les députés, arrêtez de vous regarder le nombril et levez la tête pour apprendre à faire la part du fondamental et de l'accessoire, ouvrez un peu vos cadres de référence et tricotons des lois qui soient utiles, bien faites et protectrices des droits de chacun.

## *Réseaux sociaux et amitié : la confusion*

*Février 2013*

Depuis plusieurs mois, j'ai remarqué que je reçois de plus en plus de jeunes filles qui ont des problèmes relationnels au collège et au lycée.

Évidemment, au départ, cela semble assez banal, des trucs de gosses dont les parents n'ont pas envie de se mêler. Et je comprends cela fort bien ayant été jeune moi-même (eh oui même si je viens de passer dans la catégorie sénior en décembre !).

Mais finalement, à y regarder de plus près, on est assez loin de ce que j'ai connu avec les pestes de service (école de filles oblige. Oui, je suis une sénior car j'ai connu les écoles non mixtes jusqu'en CM2), les potins et les "si tu ne veux pas faire ça, je dirai aux autres de ne plus jouer avec toi !". Je rappelle aussi qu'à l'époque, le téléphone était cher et qu'il fallait demander la permission pour l'utiliser....

Aujourd'hui, je constate que l'usage des réseaux sociaux, chats et sms provoquent une confusion sur ce qu'est l'amitié. Grâce aux réseaux sociaux, les jeunes filles échangent très facilement sur leurs doutes, difficultés, états d'âmes. C'est très facile quand on ne voit pas la personne. On se laisse aller à des confidences, poussée par des réponses laconiques "trop pas cool", "vdm" etc... Logiquement, les jeunes filles ont alors tendance à penser que la personne qui les a "écoutées" est une vraie amie...parce qu'une vraie amie est quelqu'un qui écoute....

Oui mais là, il faut recadrer. Une vraie amie est quelqu'un qui écoute mais pas uniquement, pas forcément tout de suite et surtout, elle ne fait pas que cela. Une vraie bonne amie, c'est quelqu'un avec qui on partage des idées, des valeurs, des activités et de la présence en face à face et avec qui on peut être qui on est sans se cacher.

Et c'est parce que la confiance et l'intimité se développent dans les deux sens que l'on prend ensuite le risque de s'exposer.
En tout cas, ce n'est certainement pas l'inverse !
Alors allez vite discuter avec vos enfants de ce qu'est un vrai ami, une copine/un copain et dites leur bien qu'ils ont surtout des collègues à l'école (et non pas des camarades comme on voudrait leur faire croire...).

# Les enfants et les écrans : ce que dit vraiment l'avis de l'académie des sciences

*Avril 2013*

J'ai eu beaucoup de retours (positifs! je précise) sur l'article que j'avais écrit à propos de l'influence de l'usage des réseaux sociaux sur la conception que les jeunes peuvent avoir de ce qu'est un ami (là, je crois que j'ai fait une phrase un peu indigeste). J'ai eu aussi un certain nombre de témoignages de parents à propos de l'usage des téléphones portables et des sms, outils de harcèlement ou d'emprise, jusque dans la chambre. Il est clair que, même sans devenir paranoïaque, il vaut mieux discuter avec ses enfants des risques de s'exposer quand on n'est jamais sûr qui est au bout du fil.

Quelques semaines plus tard, alors que je faisais une formation, j'ai été interpellée par une professionnelle de crèche qui interrogeait sur l'usage des tablettes tactiles pour les enfants de moins de 3 ans et surtout sur ce qu'en disait la télé (d'après les parents): "ça les rend plus intelligents".

Je dois avouer que j'avais complètement raté la sortie de l'avis de l'académie des sciences sur l'usage des écrans. Mais, en revanche, la publicité d'une marque très connue de tablettes m'est revenue en tête. Je suis sure que vous l'avez vue. On y voit des enfants "faire de la peinture" sur une tablette. C'est joli, coloré, lisse et sans tâche !

Quelle misère. Si je comprends que ça peut être distrayant, c'est quand même assez limité comme expérience de la peinture : où est l'odeur de la gouache ? Le plaisir de faire des tâches d'eau qu'on mélange ? Les mélanges ratés qui deviennent caca marron ? Les couleurs qui se mélangent par hasard joliment ? Et le pinceau ou le doigt ? Bref, là encore, on propose du virtuel avant d'avoir fait l'expérience du réel et de ses évènements inattendus.

Comme je ne fais pas toujours (et c'est peu dire) confiance aux médias pour rapporter en 1mn50 le contenu d'un rapport de 200 pages, je suis allée acheter ce fameux rapport.

Il est intéressant, écrit simplement et compréhensible par le commun des mortels. Et je vous livre quelques infos qui m'ont semblées intéressantes :

- Il faut distinguer l'usage des écrans passifs devant lesquels on ne fait rien des écrans interactifs. Les écrans passifs ont moins d'intérêt pour les enfants parce que, justement ils sont passifs devant !
- les enfants de moins de 2 ans n'ont rien à faire devant les écrans, qu'ils soient passifs ou interactifs. Bon, en même temps, si vous amusez votre enfant de deux ans avec une tablette pour le faire patienter en attendant un RDV dans une salle d'attente, il n'y aura pas de préjudice. Par contre, la TV, les DVD et autres chaines télé pour bébé sont inutiles et préjudiciables.
- Entre 2 et 6 ans, on doit également éviter un usage prolongé de la TV, surtout si les enfants sont seuls face à l'écran. Donc, ne passez plus votre dimanche en famille avec Drucker !

- Entre 2 et 6 ans, on peut commencer à utiliser les jeux vidéo et les tablettes mais avec beaucoup de modération et en PRESENCE d'un adulte. Il est déconseillé que les enfants aient leur propre tablette à cet âge (franchement, qui a les moyens d'acheter une tablette à un gamin qui va la faire tomber par terre ou l'utiliser comme bateau dans la baignoire? Ah mais on m'annonce dans mon oreillette que des tablettes flexibles et étanches seraient en préparation)
- entre 6 et 12 ans : difficile de résister mais il faut encore contrôler les temps d'écrans, éviter la TV ou l'ordi dans la chambre. ET mettre des contrôles parentaux et commencer à expliquer aux enfants que l'on ne dit pas tout et n'importe quoi sur le net et qu'on protège sa vie privée et celle des autres.
- à partir de 12 ans, on continue à contrôler le temps d'écran (pour autant qu'on le puisse) et on garde le dialogue avec les ados sur ce qu'ils voient sur internet, ce à quoi ils jouent (et on peut jouer avec eux). On reste vigilant.
- L'usage des écrans et d'internet sont utiles dans le développement de certaines compétences, notamment la capacité à faire des raisonnements hypothético-déductifs. MAIS, il faut aussi développer par ailleurs des capacités sous-employées quand internet est le seul vecteur de connaissance : prise de recul par rapport aux infos (non, ce qui est écrit sur les blogs n'est pas toujours vrai ! ni sur twitter d'ailleurs), capacité de synthèse, profondeur et linéarité de la pensée.

Bref, c'est un ouvrage intéressant qui vaut le coup d'être acheté si le thème vous intéresse.
Evidemment, il a été critiqué par certains scientifiques qui trouvent que les personnes qui l'ont écrit ne sont pas assez spécialistes pour le faire et ne donnent pas toujours leurs sources. C'est possible. Et il est aussi possible de considérer que Serge Tisseron est quand même psychiatre et spécialiste de l'image. Olivier Houdé est docteur en

psychologie du développement et de l'éducation et écrit des choses très intéressantes sur l'éducation (notamment sur l'apprentissage de l'inhibition) et qu'ils n'ont justement pas écrit pour des spécialistes et c'est tant mieux ! Et si on veut vraiment lire les études, toutes les références sont à la fin du bouquin.

Et dernière cerise sur le gâteau, le livre est gratuitement consultable en pdf sur le site de l'académie des sciences.

# La jouvence de l'abbé Soury

*Aout 2013*

Aujourd'hui, c'est la jouvence de l'abbé Soury qui me sort de ma torpeur du mois d'août.
Je ne sais pas si je regarde plus la télévision en ce moment, mais j'ai fait la désagréable expérience de voir plusieurs fois la publicité télévisée pour ce produit. Il est vrai que vu la chaleur en ce moment, on a peut-être plus souvent les jambes lourdes...
En tout cas, cette pub me rend folle ! Je me demande si je suis la seule personne à réagir.
Les publicitaires qui ont créé ce clip ont réussi un bijou de sarcasme et de dénigrement en 15 secondes !
Pour vendre un produit dont le seul argument de vente est qu'il est en vente depuis 150 ans, la mère humilie et rabaisse sa fille :
- "tu as l'intention de sortir comme ça ?" sous-entendu : ma pauvre fille, tu as vu comment tu es fagotée ?
- "j'ai tout de suite vu qu'il n'était pas pour toi." sous-entendu : je sais mieux que toi ce qui est bon pour toi et tu n'es pas capable de faire tes choix
- "tu n'aurais peut-être pas dû arrêter la danse" quand la fille joue du violon de manière plus qu'approximative. sous-entendu : tu es vraiment nulle en violon, déjà que tu étais nulle en danse.

L'effet est augmenté car on ne voit jamais clairement le visage de la fille sauf quand elle pleure d'une façon tout à fait ridicule. On efface la victime ou la ridiculise parce qu'elle montre des sentiments exagérés par opposition à sa mère qui semble tellement raisonnable.
Bravo les gars. Excellente entreprise de démolition.
Je trouve tout cela proprement insupportable et j'en perds mon sens de l'humour. Je n'achèterai jamais ce produit.
Ça me met en rage de voir une publicité qui utilise des ressorts de violence psychologique pour vendre une lotion en faisant semblant que c'est du second degré.
C'est comme si on vendait de l'arnica en mettant en scène une femme battue. "Tiens, Chérie, prends de l'arnica, c'est bon pour les bleus, je te dis ! J'ai quand même de l'expérience depuis le temps que je tabasse des femmes"
Et puis on dirait :"mais non, c'est de l'humour. Tu n'as rien compris"

Bon d'accord, je n'ai rien compris et moi aussi je vais faire de l'humour douteux : si on a une mère comme ça, je peux comprendre qu'on prie pour une petite canicule !

Bon sinon, imaginons que le clip ne se passe comme ça et que la fille se transforme en karatéka de la communication.
Le dialogue pourrait être
- "tu as l'intention de sortir comme ça ?»
- C'est une vraie question ou tu as juste l'intention d'être désagréable ?
- "j'ai tout de suite vu qu'il n'était pas pour toi."
- Ben c'est sympa ! tu aurais pu me le dire plus tôt. Et à quoi tu as vu cela ?
- "tu n'aurais peut-être pas dû arrêter la danse"
- Qui t'a dit que j'ai arrêté la danse ? En tout cas, je vois que toi, la langue de vipère, tu pratiques toujours !

Ah ! Ça fait du bien.
Je pourrais aussi réécrire le texte de la mère pour obtenir le même résultat mais sans violence psychologique

- Euh, je trouve que les bottes blanches, ça fait pas terrible avec le reste
- Je pense vraiment qu'il ne te méritait pas
- Dis donc, c'est dur le violon. Mais tu as raison, accroche-toi, c'est comme ça qu'on réussit
- Tu sais ce que je prends, moi, quand j'ai mal aux jambes ? la J de AS. et ça marche plutôt bien.

C'est mieux qu'un script basé sur l'idée que si le client n'achète pas ce que d'autres achètent depuis 150 ans, c'est un idiot. A ce tarif-là, on se met tous à fumer et à mettre de l'amiante dans notre grenier et on reprend une petite dose de crème pour le visage contenant du radium (ça rend le teint plus lumineux, parait-il)
Bon allez, je retourne à ma torpeur jusqu'à la prochaine fois.

## *Fessée ou pas fessée ?*

*Novembre 2013*

Ah, la fessée… Je vais peut-être être iconoclaste mais c'est un peu comme les régimes l'été, ou les cadeaux de Noël, ce thème revient régulièrement dans les médias. L'émotionnel reprend le dessus et les anathèmes volent bas.

Je pense que le sujet est important et mérite mieux que ces débats stériles.

Alors prenons les affirmations telles que « des études scientifiques prouvent que la fessée met l'enfant dans un état de colère qui le rend opaque aux apprentissages ». Parfait, mais où sont les références de ces études ? Et surtout, depuis quand donne-t-on des fessées lors d'apprentissage ? Ah tu n'arrives pas à marcher !? Paf, une baffe ! Tu n'arrives pas à faire ton addition ? Une taloche ! Personnellement, je connais assez peu de parents qui mettent des fessées pour ces raisons.

Ah, un autre article dans le magazine Sciences Humaines nous affirme que la fessée rend les enfants agressifs. C'est visiblement un site assez sérieux parce qu'il donne une référence pour aller consulter l'étude : Keith Brannon, « Tulane researchers find spanking can make children more aggressive later », 12 Avril 2010, sur http://tulane.edu/news/releases/pr_03122010.cfm ; d'après Catherine A. Taylor et al., « Mothers'spanking of 3-year-old children and subsequent risk of children's aggressive behavior », Pediatrics, 2010.

Formidable….jusqu'à ce qu'on lise, non pas le titre, mais l'article. Et surtout, jusqu'à ce qu'on lise l'étude de l'université de Tulane et non pas le compte rendu qui en est fait sur le site de l'université de Tulane.

L'étude a été faite sur des mères et des pères et on leur demandait s'ils avaient donné des fessées à leur enfant de 3 ans et deux ans plus tard, on faisait un suivi pour savoir là encore s'ils avaient donné des fessées le mois précédent. Bon, pourquoi pas…

Ce qui est intéressant, c'est la façon de mesurer l'agressivité des enfants : on demandait aux parents comment les enfants se comportaient ! D'où, quand même un gros biais avec cette étude : on imagine bien que les parents pourraient avoir tendance à surestimer les comportements agressifs de leurs enfants pour justifier les fessées !

D'ailleurs, en toute honnêteté, l'étude le mentionne : néanmoins, il reste une limite à cette étude. Nous nous reposons sur les dires des mères en ce qui concerne les comportements exprimant l'agressivité, ce qui ne nous permet pas d'éliminer la possibilité que les perceptions négatives de l'enfant peuvent avoir influencé à la fois la décision de mettre une fessée et les scores d'agressivité donnés par la mère (ma traduction).

"One remaining limitation in the current study, however, is that we rely on maternal report of child externalizing behavior, which does not allow us to rule out the possibility that negative perceptions of the child have the potential to influence both the decision to spank and maternal ratings of child externalizing behavior. "

Il faut noter aussi que l'étude n'est pas faite sur n'importe quelle famille : il s'agit de familles recensées dans le « fragile families » study. Même si vous ne comprenez pas l'anglais très bien, je pense que vous aurez compris qu'il s'agit de familles en situation difficile.

Est-ce à dire que je suis favorable à la fessée, puisque je semble vouloir retoquer toutes les études présentées ?

Non, je ne suis pas favorable à la fessée ou aux châtiments corporels. Mais c'est une position personnelle et j'ai toujours eu le sentiment qu'il faut faire la différence entre une fessée de temps en temps (c'est-à-dire moins d'une fois par mois) et de la maltraitance. Je ne peux pas dire qu'un père qui donne une fessée à son fils cul nu soit forcément une bonne chose. De là à en faire de la maltraitance… et à médiatiser l'incident …. Un rappel à la loi n'aurait-il pas été suffisant ? Et professionnellement, je ne peux pas non plus me permettre de donner des conseils uniquement à partir de mes valeurs. L'avantage de la science, c'est quand même qu'elle nous apprend des choses et en tant que professionnel, on doit évoluer avec la science.

Alors, je vous sens impatients… Que dit la science ? Que disent les études sérieuses ? J'ai trouvé un numéro spécial de la revue Pediatrics sur le sujet, il y a quelques années. Voilà le lien pour aller lire l'étude (malheureusement payant et en anglais.)
http://pediatrics.aappublications.org/content/98/4/828.full.pdf+html

Conclusion des divers articles sur le sujet : l'interdiction stricte de la fessée n'est pas justifiée à partir des études disponibles !

Pourquoi ? Parce que les études montrent qu'il n'y a pas de liens entre la fessée, l'agressivité des enfants, la violence à l'âge adulte ou l'évolution de la fessée vers de la maltraitance.

Conclusion sur la fessée : les châtiments corporels ont plus de chance d'être efficaces pour éliminer les comportements inacceptables quand ils sont administrés sans culpabilité, dans des circonstances contrôlées et de façon mesurée. Il faut aussi que les parents et l'enfant soient tout à fait conscients de la raison pour laquelle le châtiment est administré, qu'il soit administré en privé, en raison d'un comportement volontairement défiant (non-respect volontaire des règles connues). Évidemment, les châtiments corporels ne sont pas admissibles pour des enfants de moins de 18 mois et après la puberté.

Ce sont les démonstrations violentes de pouvoir (donc les abus de pouvoir) ou le pouvoir utilisé pour faire changer les pensées des enfants qui provoquent l'agressivité des enfants. (La punition sert à changer un comportement, pas les pensées).

Pour l'instant, au lieu de légiférer sur la fessée, on devrait plutôt utiliser les lois existantes sur la maltraitance et permettre aux parents d'apprendre d'autres moyens pour mettre des limites. Car, en déplaise aux bonnes âmes, la punition fait partie des outils éducatifs et non, le dialogue ne suffit pas toujours à stopper des comportements inacceptables ! Et non, je ne pense pas qu'il soit forcément utile de s'excuser après avoir perdu patience. Après tout, il est bon que les enfants, à partir d'un certain âge, apprennent la prudence : on ne défie pas impunément les plus grands et les plus forts.

Un point de vigilance : si vous vous rendez compte que vous punissez souvent votre enfant parce qu'il vous fait sortir de vos gonds, il est sans doute temps de changer de stratégie et peut-être d'aller vous faire aider dans cette mauvaise passe et sortir de ce cercle infernal où vous n'arrivez plus à trouver la moindre chose positive chez votre enfant. Certains enfants sont beaucoup plus difficiles à parenter que d'autres et les parents n'ont pas forcément un style de parentage adapté à leur enfant.

# Le rapport Pisa

*Décembre 2013*

Comme tout le monde, je n'ai pas pu éviter la mini-tempête médiatique soulevée par la sortie du rapport Pisa à la mi-décembre.

Pendant trois ou quatre jours, des experts ont défilé, des journalistes ont commenté, des politiques ont lancé des anathèmes jusqu'à l'évènement médiatique suivant.
C'est un peu désespérant.
Parce qu'entre ceux qui disent : « ça fait longtemps qu'on le dit » et les autres qui disent : « il faut bruler le thermomètre », on n'a pas avancé d'un iota et le sujet est retombé dans l'oubli…
Personnellement, je pense que si on dépense autant d'argent pour avoir des données relativement objectives, il serait peut-être bon de les utiliser de manière constructive.

Au-delà du constat que l'école française favorise les enfants qui sont déjà les meilleurs et néglige ceux qui auraient le plus besoin, il y a un chiffre qui a retenu mon attention : sur une télévision que je ne nommerais pas (parce que je ne me souviens plus de laquelle !), un expert (que je ne nommerai pas non plus parce que je n'ai pas retenu son nom non plus !) avait dit « en France, seuls 17% des profs bénéficient de formation professionnelle chaque année contre 100% en Corée ».
Pour écrire cet article, j'ai donc épluché le rapport Pisa (bien obligée si je veux être à la hauteur de mes exigences : vérifier les sources). Rien trouvé.
J'ai épluché le rapport Pisa pour la France : rien non plus.
Finalement, j'ai trouvé le blog d'Eric Charbonnier, expert éducation à l'OCDE et il m'a semblé le reconnaître sur une photo. Et grâce à la

magie de la recherche internet, j'ai retrouvé une interview sur BFMTV.
Et c'est là que j'ai retrouvé les fameux chiffres qui viennent visiblement d'une étude TALIS de l'OCDE également.
Eh bien, c'est un vrai casse-tête de retrouver d'où viennent les informations pour les vérifier !
Bref, j'ai fini par retrouver les chiffres qui m'intéressaient : en France, le manque de formation des professeurs est un vrai problème, notamment en formation continue.
C'est quand même tout à fait intéressant et complètement incroyable. Les personnes qui insistent toujours sur l'importance de l'éducation et défendent ce droit bec et ongles pour les autres, se forment peu.
Pendant un temps, la France avait même supprimé la formation initiale des enseignants ! Qui a bien pu avoir une idée pareille ? Impensable pour un plombier ! Impensable pour une aide-soignante ! Mais pour les profs, pourquoi pas…
Bon, j'ai eu mon concours, demain je rentre en CP. J'ai un master 2. Comment est-ce que je fais pour apprendre à lire aux enfants ???? T'as pas un bouquin à me prêter ? « 'Enseigner la lecture aux enfants pour les nuls » ?
Ah bonjour, je suis le nouveau mécanicien. J'ai un bac S. Pouvez-vous me dire où est le moteur ???

Heureusement, il existe à nouveau de la formation initiale pour les profs. Mais que deviennent ceux qui n'ont pas été formés ? J'ai bien peur qu'ils ne puissent pas compter sur la formation professionnelle continue !
Dans son blog, Eric Charbonnier indique : « À titre indicatif, à Singapour, chaque enseignant est évalué annuellement sur ses forces et faiblesses, et bénéficie de 100 heures de formation professionnelle par an pour lui permettre de s'améliorer. Par opposition, l'étude TALIS révèle qu'en moyenne, dans les pays de l'OCDE participants, 20 % des nouveaux enseignants et 13 % des enseignants expérimentés n'ont jamais reçu de retour sur leur enseignement. »

Pourrait-on expédier nos enseignants à Singapour ? Parce que quand j'ai entendu Peillon sur France Inter parler de la formation professionnelle, j'ai eu peur. Il a affirmé que oui, il aurait de la formation continue pour les profs....sur les programmes !

Et la pédagogie ? La gestion de groupe ? La bientraitance ? (Oui, je sais, c'est plutôt un thème abordé en petite enfance mais honnêtement, c'est aussi un concept qui concerne les enseignants.)

Est-ce que cela veut dire que les profs, une fois l'épreuve des concours passée, sont « finis » ? Ils savent tout ? Ils n'ont plus besoin d'apprendre ?

C'était peut-être valable au 19ème siècle mais aujourd'hui, ça n'a vraiment plus de sens et pourtant, on dirait que cette croyance est dans les gènes de l'éducation nationale. Du moment qu'on a passé les fourches caudines du concours, « on est bon ».

Les formateurs, éducateurs, enseignants ont tous besoin de se former (moi la première) pour sortir la tête du guidon, se ressourcer, échanger, rester créatifs dans leur pédagogie et surtout garder la flamme qui les a amené au métier la première fois.

On ne peut pas donner, donner et ne jamais recevoir, surtout quand on travaille avec des humains, petits ou grands.

Moi, j'aimerai bien qu'un jour les enseignants fassent grève pour avoir le droit de se former ou bien qu'ils utilisent leur droit à se former (parce que si j'incite à la grève, je ne vais pas être très populaire !).

Donc, j'informe ici solennellement tous les salariés et tous les fonctionnaires qu'ils ont le droit au Droit Individuel à la Formation (soit 20h de formation par an cumulable 6 ans qui sont perdus s'ils ne sont pas utilisés).

Je vous souhaite une très bonne année 2014, pleine de projets (pour ceux qui aiment), de rencontres familiales et amicales (pour ceux qui en veulent) et de prospérité financière (c'est bon pour tout le monde !).

# La théorie du genre : tout ce que vous avez voulu savoir sur la théorie qui n'existait pas

*Mars 2014*

Je suppose que vous n'avez pas pu échapper à la quasi hystérie autour de la théorie du genre. J'étais en train d'animer une formation sur l'accompagnement à la parentalité fin janvier quand des participantes m'ont informé que certains parents avaient retiré leurs enfants de l'école ou prévoyaient de la faire à une date précise pour protester contre la théorie du genre à l'école !

Je dois dire que j'en n'ai pas cru mes oreilles, ni mes yeux quand j'ai pu contempler des affiches (de préférence non signées) et lire des sms envoyés à des parents : attention, on va transformer vos garçons en fille et inversement et surtout on va leur apprendre à devenir homosexuels sans oublier de les initier à la masturbation. Mis à part le fait que je ne suis pas convaincu que les enfants aient besoin de nous pour apprendre la masturbation, je me demande vraiment si les personnes qui ont « prévenu » les parents de ce genre de risque y croient eux-mêmes !

Bon alors, plus sérieusement, cette hystérie collective est inquiétante car des gens tout à fait sensés finissent par perdre les pédales et craindre pour leurs enfants…

Tout cela alors que la théorie du genre n'existe pas ! C'est un très très gros abus de langage. Ce qui existe, ce sont les « gender studies », c'est-à-dire les études sur le genre qui ont commencé à se développer dans les années 70 aux USA (Voir l'article « les gender studies pour les nuls » du magazine sciences humaines).

Ici, le mot « genre » sert à faire une distinction avec le mot « sexe ». À l'époque, on pense que le sexe se rapporte à la biologie : est-on mâle ou femelle ? Donc on utilise le mot genre pour se référer à l'identité sociale et culturelle : comment est-on une femme ou un homme dans la société à laquelle on appartient ?

C'est à partir de cette distinction que les scientifiques vont faire l'étude de la domination masculine sur les femmes.

Dans les années 80, on commence aussi à étudier les « minorités sexuelles », c'est-à-dire des gens dont la biologie n'explique pas les tendances sexuelles. Donc là encore, on déconstruit : le sexe et la sexualité ne sont pas la même chose.

Autrement dit, les gender studies posent des questions qui remettent en cause un modèle qui semble tellement « normal » qu'il apparaît biologique et « naturel ». Ce modèle est également celui prôné par les trois religions du livre. En même temps, c'est bien le rôle de la science que de nous ouvrir les yeux sur ce qui détermine en partie nos comportements, au-delà du « sens commun ». Et je me méfie du sens commun quand je vois 52% de participants à un jeu télévisé qui pensent que le soleil tourne autour de la terre ! Le pauvre candidat n'aurait jamais dû demander l'avis du public.

Bref, comment les gender studies qui n'existent pas en France ont-elles pu avoir une telle influence sur notre pauvre petit hexagone ? Par l'introduction d'une dangereuse notion : l'égalité homme-femme (voir la vidéo de Françoise Héritier sur l'égalité et la différenciation).

Bien que l'égalité homme-femme soit théoriquement une évidence dans notre droit, dans la pratique, ça coince.

Ça coince à cause de nos fichus stéréotypes sur les hommes et les femmes qui font que finalement, dans la pratique, on accepte la survivance de discriminations. Donc, autrement dit, on est toujours agi par des stéréotypes de genre, en dehors de toute conscience.

Il se trouve que l'école doit lutter contre les discriminations, notamment basées sur le sexe et se doit de promouvoir l'égalité et le respect. Il semble alors logique qu'elle s'en donne les moyens. Le programme « ABCD de l'égalité » est conçu pour encourager les enseignants à réfléchir sur leurs pratiques et leur permettre d'organiser des moments de réflexion sur l'égalité hommes-femmes et les stéréotypes sexués.

Évidemment, cette initiative fait polémique car pour certains, si on dit sexué, on touche alors à l'identité sexuée et donc à la liberté des familles d'éduquer leurs enfants selon leurs valeurs. Et comme on utilise souvent le terme « stéréotypes de genre », il est facile d'établir un raccourci avec la soi-disant « théorie du genre »…CQFD

Bref, la montagne accouche d'une souris.

La théorie du genre n'existe pas. En revanche, les stéréotypes de genre existent bien et ont de beaux jours devant eux !

## Faut-il jouer avec nos enfants ?

*Avril 2014*

J'ai récemment lu un livre qui s'intitule « Comment les Eskimos gardent les bébés au chaud» de Mei-Ling Hopgood.

C'est un livre très intéressant quand on s'intéresse à la façon dont les parents du monde entier s'occupent de leurs enfants et il permet aussi de se remettre en cause certaines certitudes qui sont parfois posées comme des vérités scientifiques.

On peut prendre l'exemple du jeu. Aujourd'hui en France, c'est quasiment une banalité de dire qu'il faut jouer avec ses enfants. Tout le monde joue (soi-disant) avec ses enfants et mon dieu, si on ne veut pas passer pour une mauvaise mère en société, il vaut mieux reprendre le refrain et même savoir dire tout ce que les enfants apprennent d'absolument formidable quand ils jouent avec leurs parents !

Et bien, voilà une annonce qui va vous soulager ! Ce n'est pas obligatoire. Vous ne serez plus obligée d'endurer des séances de petites voitures ou d'habillage de Barbie en cachant votre ennui (au mieux) ou votre exaspération (au pire). Il y a, en effet, des populations dans le monde (les polynésiens notamment cités dans le livre) où les adultes ne jouent pas avec les enfants et franchement, ils n'ont pas l'air d'en souffrir plus que cela. Par ailleurs, la prochaine fois que vous regardez « bienvenue en terre inconnue », observez si vous voyez des adultes jouer avec des enfants. Entre la traite des chèvres, les 3 km pour aller chercher de l'eau, la préparation du repas ou la récolte des céréales pour l'hiver, il ne reste pas beaucoup de temps pour jouer à des jeux d'enfants.

Attention, avant que vous me tombiez dessus à bras raccourcis, je précise que si les parents ne jouent pas avec leurs enfants, cela ne les empêche pas d'interagir et de partager des activités avec eux. Et bien sûr, les enfants jouent mais avec d'autres enfants.

Quelle est la conclusion que j'en tire ?
1. qu'il faut arrêter de culpabiliser si l'on n'a pas envie de jouer à des jeux d'enfants avec nos enfants
2. qu'il vaut mieux inviter des enfants chez soi pour qu'ils jouent avec les nôtres (impossible chez nous de laisser jouer les enfants dans la rue)
3. que si les interactions parents-enfants sont fondamentales, elles peuvent s'organiser autour d'activités réelles : écosser les petits pois,

ranger le linge propre, ranger les courses….ou de jeux partagés qui plaisent aussi aux adultes

Quelque fois, il m'arrive d'avoir la pensée effrayante suivante : à force de se sentir obligé de jouer avec nos enfants, on a fini par pervertir le sens du jeu.

Je m'explique. Théoriquement, on joue pour se faire plaisir, pour le plaisir de jouer et on n'a pas besoin de plus de justification. Si je joue aux aventuriers du rail un dimanche après-midi, je joue parce que c'est un moment de plaisir, pas parce que je peux apprendre les capitales des états américains.

En revanche, quand les parents choisissent un jeu pour les enfants ou un jouet, ils pensent souvent : Qu'est-ce qu'il va apprendre ? Et ils finissent par n'en voir que le coté éducatif et non pas le coté plaisir. C'est vrai qu'ils sont aidés en cela par l'industrie du jeu et du jouet qui propose des jeux pour chaque apprentissage et avec un message caché assez fort pour que tout le monde l'entende « si vous ne faites pas cela, vos enfants ne se développeront pas correctement et ils ne seront pas intelligents ! »

Alors oui, les enfants apprennent des choses en jouant (et pas forcément ce que l'on croit) mais ils y connaissent aussi des moments de plaisir qui risquent de disparaitre si l'on transforme tout en entreprise d'éducation et de performance.

Alors, jouez avec vos enfants à des jeux qui vous plaisent aussi à vous et non, vous n'avez pas d'obligation de jouer aux playmobil pendant des heures.

Et pour finir et éviter certaines critiques, oui, il est important de jouer avec les bébés à « la petite bête qui monte », à « à cheval gendarme » ou à « coucou »…

Et là prochaine fois, je vous dirai comment les asiatiques font pour rendre leurs enfants si bons à l'école et ce que l'on peut apprendre d'eux.

## Que peut-on apprendre des parents asiatiques en matière de réussite scolaire et d'excellence ?

*Aout 2014*

Comme promis dans mon précédent article (qui date un peu, je vous l'accorde), je vais vous « révéler » les secrets des parents asiatiques qui, forcément, ont des enfants plus intelligents, plus travailleurs, plus obéissants, qui n'ont que des bonnes notes et ont tous des doctorats !

Oui, vous sentez bien le sarcasme poindre dans mon écrit. Je dois dire qu'en commençant à lire le chapitre « comment les asiatiques apprennent à leurs enfants à exceller à l'école » du livre « Comment les Eskimos gardent les bébés au chaud» de Mei-Ling Hopgood, j'étais un peu énervée. Je suis comme tout le monde, je sais que ma façon à moi de faire est la Meilleure et je n'ai pas envie de lire que les asiatiques sont supérieurs aux blancs. Mais je m'étais juste fait prendre (encore une fois) par les titres des chapitres qui sont des résumés marketing d'un contenu beaucoup plus nuancé.

Par exemple, dans le chapitre sur la propreté des enfants en Chine, on se rend compte que les chinois n'entrainent pas les enfants à la propreté mais qu'ils font surtout de la gestion de déchets (lisez : ils laissent les enfants faire pipi et caca dehors à la campagne et utilisent des sacs plastiques pour récupérer les selles ou le pipi s'ils sont dans le métro). Ça casse un peu le mythe ! Mais cela montre aussi que les enfants sont sans doute propres plus tôt s'ils ne sont pas dans des couches très confortables et qu'ils ont la possibilité de faire rapidement leurs besoins sans être obligés de cavaler aux toilettes à l'autre bout du jardin, de grimper sur un tabouret, mettre un réducteur de toilette…. Et là, trop tard ! Et en tout cas, la méthode chinoise est difficilement adoptable telle quelle en France…surtout dans le métro….

C'est la même chose pour l'excellence à l'école. Une partie de cette excellence vient de facteurs culturels qui ne sont pas transposables. Mais j'y reviendrais plus tard.

En revanche, il y a une chose qui est transposable : la façon dont on renforce la persévérance et dont on accompagne l'échec.

Plusieurs études sont citées dans le livre et elles nous apprennent que les parents asiatiques ont tendance à encourager leurs enfants à essayer encore pour qu'ils réussissent alors que des parents américains avaient tendance à être trop nourriciers et à chercher à éviter les situations d'échec qui pourraient (peut-être) provoquer un inconfort à l'enfant. Et par conséquence, les enfants asiatiques réussissent mieux parce qu'ils s'acharnent plus.

Si je transpose cela à la France, je dirais qu'il est important d'encourager les enfants à essayer encore quand ils ne réussissent pas tout simplement parce que c'est normal de ne pas réussir du premier coup. Par exemple, quand un enfant apprend à marcher, on ne lui dit pas qu'il est nul parce qu'il est tombé et on ne lui donne pas des coups de pieds. On s'exclame et on s'extasie devant ce premier pas et on l'encourage à recommencer.

Si on transpose cela à l'apprentissage des tables de multiplication ou des opérations, on est loin du compte ! Les pôves gosses, ils en entendent quand ils ne réussissent pas ! Or, on devrait les encourager à refaire encore ou à refaire plus tard avec la certitude qu'ils y arriveront.
Aujourd'hui, je remarque souvent qu'on dit aux enfants qu'ils sont intelligents quand ils réussissent. C'est bien mais c'est incomplet parce que cela les amène à penser qu'ils réussissent parce qu'ils sont intelligents. Non, ils réussissent parce qu'ils ont l'intelligence nécessaire pour effectuer une tâche adaptée et qu'ils ont travaillé.

Trop de renforcement sur l'être (tu es intelligent) entraine la croyance que l'on réussit parce que l'on est intelligent, bon etc… donc la croyance que les apprentissages ne requièrent pas d'efforts. Conclusion : Ceux qui réussissent sont intelligents donc ceux qui ne réussissent pas sont bêtes.

C'est un raisonnement fallacieux. Parce qu'un jour ou l'autre, certains apprentissages réclament plus d'efforts que d'autres. Même Zlatan ou Platani (pour les vieux qui me lisent) s'entrainent. Comme l'a dit Edison, le génie, c'est 1% d'inspiration et 99% de transpiration.

Et la réussite ou l'excellence à l'école, c'est les 99%.

Je ne veux pas dire que l'on doit forcément exiger l'excellence de ses enfants et leur mettre une pression intense.

Mais je remarque, en tant que formateur avec des jeunes qui préparent les concours infirmiers, une vraie détresse face à des tâches qui ne sont pas faciles et requièrent de l'entrainement. Certains étudiants (qui ont le bac, donc ils sont loin d'être nuls) refusent de faire certains exercices, persuadés qu'ils n'y arriveront pas. J'en déduis que, jusqu'à présent, ils ont réussi sans trop d'efforts (tant mieux pour eux) mais que du coup, ils pensent que s'ils sont obligés d'en faire, c'est parce qu'ils ne sont pas à la hauteur. Donc, faire face à la difficulté les renvoie à un jugement négatif sur eux-mêmes (je suis nul) alors qu'ils devraient juste se dire : si je fais cet exo suffisamment de fois, je vais bien finir par y arriver ! Je rencontre un cas de figure identique quand des parents m'amènent des enfants qui refusent d'essayer des choses nouvelles par peur de rater.

Donc un conseil avec les enfants : les encourager pour et quand ils s'acharnent à surmonter une difficulté. Et dites-leur ce que, vous, vous aimeriez entendre si vous aviez besoin d'encouragement ! Ce ne sera pas parfait mais ça évite de dire des choses négatives ou blessantes par accident.

Et ce qui n'est pas transposable ?

Les facteurs qui motivent les enfants à travailler à l'école sont aussi contextuels et ne sont pas transposables.

Les sociétés traditionnelles : dans les sociétés traditionnelles, on ne laisse pas tellement le choix à l'enfant de ce qu'il va devenir. Il a sa place. L'éducation n'est pas centrée sur le développement du potentiel personnel de l'enfant mais sur la place qu'il occupera au sein de la famille élargie. Elle n'est pas non plus orientée sur la discussion, la flexibilité et surtout l'autonomie. Or aujourd'hui, en France, l'obéissance n'est pas en général la valeur phare de l'éducation car ce n'est pas un avantage dans notre monde « moderne ».

L'usage de la honte : dans certaines cultures asiatiques, ne pas réussir fait porter la honte sur la famille. Évidemment, ça motive !

Le retour sur investissement : dans certains pays asiatiques en développement, l'acquisition de savoirs permet d'assurer une vie meilleure. Chez nous, le discours est fort défaitiste à cet égard. On plutôt tendance à dire « si tu ne travailles pas, tu ne réussiras pas » mais on ne va pas jusqu'à dire que travailler à l'école permet d'avoir une vie meilleure. Et tout le monde connait un docteur en quelque chose qui est chômage… Ce n'est pas motivant (alors que c'est faux, car le diplôme protège du chômage).

Et pour finir, même les asiatiques peuvent avoir tort ! Penser que si l'on travaille à l'école, on va forcément réussir et que si on ne réussit pas, c'est qu'on n'a pas assez travaillé est une croyance qui ne résiste pas à une analyse précise des situations. Et penser que tous les asiatiques réussissent tous est également une croyance. Jusqu'à preuve du contraire, il n'y a pas 1.7 milliard de docteurs en Chine !

# *Vous avez reçu le bulletin ?*

*Décembre 2014*

Alors que les temples de la consommation et les centres villes se transforment pour essayer de faire entrer en nous l'esprit de Noël, nous attendons les BULLETINS ! Avec angoisse ? Inquiétude ? Avec l'espoir qu'on les recevra assez tôt pour que leur impact se soit atténué d'ici les vacances de Noël ?

En tout cas, ça ajoute au stress de Noël.

Déjà que je stresse quand je vois déjà du foie gras dans les rayons depuis deux semaines… moi qui n'ai pas commencé à me poser la question fatidique des cadeaux…

Bon, revenons à nos bulletins.
En 2004, un sondage de la Croix donnait les résultats suivants :
Effets des notes sur les parents (1)
Un sondage paru dans la Croix indique que :
74% des parents ont le sentiment qu'une bonne ou mauvaise note influent beaucoup sur le moral de leur enfant.
60% des parents ont le sentiment que les notes influent sur le comportement qu'ils adoptent à l'égard de leur enfant.
50% ont le sentiment que les notes influent sur leur propre moral.
Sondage exclusif CSA/la Croix/UNAPEL. Le poids des notes dans la relation parents-enfants. 13 mai 2004. http://www.csa-fr.com/dataset/data2004/opi20040513f.htm
Si cette étude est ancienne, je suis sure qu'elle reste d'actualité d'autant que la crise économique est passée par là et ne fait qu'accentuer nos craintes de parent par rapport à l'avenir de nos enfants.

Souvent, on se dit que la réussite scolaire est la seule assurance d'avoir un travail, ce qui est à la fois vrai et faux.

C'est vrai parce que le diplôme diminue les risques de chômage mais bon, va-t-on déjà stresser nos enfants par rapport à cela dès le collège, voire le primaire ?
Et c'est faux parce que la réussite scolaire n'est pas réductible à un mauvais bulletin !
C'est sûr qu'un bon bulletin, c'est l'assurance que ça va bien et qu'on peut passer les fêtes de Noël avec bonne conscience. Ca éloigne un temps l'angoisse de l'avenir.
Un bon bulletin, c'est aussi, pour les parents, une validation : je suis un bon parent parce que mon enfant réussit bien. Ou au moins, j'échappe à la critique. Et les fêtes de Noël peuvent donner l'occasion d'un vrai florilège de critiques plus ou moins ostensibles : « de mon temps, je surveillais tous les devoirs le soir et je le faisais travailler.... » (Oui mais moi, je travaille et j'ai une heure de trajet avant de rentrer... », « Moi, ma fille a 18 de moyenne et les félicitations mais je n'accepterais rien de moins... » (Et bien, tant mieux pour toi ! on sait que TA fille est intelligente !).
Avec un mauvais bulletin, les parents craignent le jugement et ils ont raison parce qu'ils y échappent rarement. L'entourage ou les profs font souvent porter la responsabilité des résultats sur les parents.
Si l'enfant ne réussit pas, c'est parce qu'il y a quelque chose qu'on ne fait pas : on ne surveille pas assez les devoirs, on ne motive pas son enfant, on ne vérifie pas le cahier etc.... C'est bien pour cela que les notes de nos enfants affectent notre moral.
Or, les enfants ne sont pas uniquement le produit de leur éducation.
Et surtout, reporter la responsabilité des notes sur les parents est très contre-productif car cela déresponsabilise l'enfant ou l'ado.
Je passe beaucoup de temps en cabinet à expliquer aux enfants que la LOI les oblige à faire leur travail et à être présents pour les contrôles de connaissance. Les devoirs et les notes ne sont pas une histoire

entre les parents et les enfants mais entre les enfants et leurs professeurs.

Les parents sont là pour fournir, de leur mieux, un environnement favorable au travail. Ils ne sont pas des profs bis qui vérifient que tout est fait, que tout est juste ou qui refont des cours à la maison. Ça, c'est le rôle du prof : il donne un travail, il vérifie qu'il est fait et il en fait la correction.

Le bulletin, c'est la confrontation de l'enfant avec la réalité et le signe, s'il est mauvais, qu'il faut changer quelque chose. Et notre enfant aura sans doute besoin d'aide pour mettre en route le changement et le tenir sur la durée.

C'est une situation banale qui indique la nécessité d'un changement d'orientation de l'action et pas une séance de flagellation.

Allez vite courir acheter vos décos de Noël et passer du bon temps avec vos enfants. Vous le valez bien et eux-aussi !

## Genre et alimentation

*Avril 2015*

Je ne sais pas si vous avez vu une pub qui passe en ce moment à la télé pour un yaourt dont le nom commence par D et finit par O.

Au début, je n'ai pas bien compris de quoi il s'agissait. Un homme jeune, debout dans une piscine, au début d'une ligne d'eau, se fait voler son slip de bain par un drôle de requin …
Là où c'était plus familier, c'était les trois filles assises sur le bord de la piscine, en train de glousser de manière un peu cruche en le regardant. Et oui, là encore les filles font tapisserie en périphérie d'un espace de sport, donc masculin...

D'ailleurs, leurs maillots de bain étaient secs. Ça ne donnait pas l'impression qu'elles étaient venues nager.

Bon ensuite, on ne sait pas comment, il récupère son slip et clopine, le requin/bestiole comme un boulet au pied, vers un distributeur de produits gras et sucré puis, en se ravisant, vers un frigo sur le bord de la piscine. Parce que le boulet est censé représenter la faim. D'ailleurs, il s'appelle G Ladalle.

Et dans le frigo, l'accort jeune homme trouve quoi ? Des yaourts. C'est là que j'ai vraiment ri.

C'est peut-être parce que je vis dans ma campagne mais je n'ai jamais vu un homme manger un yaourt quand il a une petite faim. Même un yaourt bétonné comme celui proposé (la cuillère tient debout toute droite dans le pot !).

D'ailleurs, je me demande si j'ai déjà vu un homme avoir une « petite » faim.

En y réfléchissant, je n'ai pas trouvé une seule pub de yaourt destinée aux hommes sauf le Yop, destiné aux ados et vendu au litre. Le Yop, c'est plutôt pour les grosses faims et pour les garçons (je ne crois pas avoir vu de pub Yop avec des filles).

Non, le yaourt, en tout cas en France, c'est un truc de nanas, un truc qui vous fait un sourire au ventre (plat de préférence) ou qui vous fait du bien à l'intérieur (ah, les flatulences, c'est moche chez une fille) ou encore qui vous fait le teint lumineux, de préférence sans trop de matières grasses.

Ça m'a rappelé une interview très intéressante de Françoise Héritier, anthropologue. Elle y explique une théorie sur le dimorphisme homme-femme. En effet, on pense souvent que la différence de taille entre hommes et femmes est naturelle. Or, quand on observe les animaux, il y a un certain nombre d'espèces où les femelles sont plus grandes et d'autres où l'on ne peut pas distinguer les femelles ou les males par leur taille. Regardez un troupeau de gazelles ou de buffle, vous ne pourrez pas les différencier.

La théorie, développée par Priscille Touraille est qu'il y a une différenciation d'accès à la nourriture selon le genre, les protéines étant souvent réservées aux garçons et aux hommes. Cette différenciation existant depuis fort longtemps, il y a eu une sélection naturelle des femmes plus petites et des hommes plus grands.

Il n'est pas nécessaire d'aller dans des pays lointains pour constater la différence d'accès à la nourriture. Dans des familles paysannes ou ouvrières, il n'était pas rare de voir les femmes rester debout pendant les repas pour servir les hommes et se nourrir des restes. Et j'en ai des exemples personnels qui datent de moins de 50 ans. Aujourd'hui, il suffit de regarder les pubs à la télévision pour se rendre compte que l'alimentation est genrée. Les yaourts et les aliments légers aux femmes, les burgers, les chips ou les cacahuètes aux hommes. Et la pub n'est pas près de nous libérer ! Sans compter le message sur l'immédiateté : faut-il vraiment manger quelque chose dès qu'on a une « petite » faim ? Est-ce vraiment une obligation de manger sans attendre d'avoir fait ses longueurs dans la piscine ? Cette pub est un vrai reflet de notre civilisation : on ne peut pas attendre !

A vos observations ! La prochaine fois, regardez qui mange quoi au restaurant ou la maison. Observez si vous donnez la même chose à manger (ou en même quantité) aux garçons et aux filles ? Et regardez les pubs avec un autre œil !

# *Dépêche-toi !*

*Février 2016*

Ça vous rappelle quelque chose ?
Je viens de finir d'animer une formation pour des ATSEM et nous avons beaucoup parlé du « dépêche-toi », omniprésent à l'école maternelle. Et les TAP n'ont rien arrangé (il faut se dépêcher pour aller faire les activités, au lieu de faire tranquillement la sieste).
Ça commence à la maison :
- « Dépêche-toi de te lever »
- Au petit déjeuner « dépêche-toi de finir ta tartine »
- Avant de partir à l'école « dépêche-toi de mettre tes chaussures »
- Dépêche-toi de monter dans la voiture !

- Dépêche-toi de descendre, je vais être en retard au travail.
- Allez ! Mets vite tes chaussons.

Et après, on arrive stressé au travail et en quasi apnée…

Pour les enfants, ça continue (pour les adultes aussi parce qu'au boulot, tout est toujours urgent et aurait dû être fait hier).

A l'école : dépêche-toi de faire pipi (en maternelle, 6 toilettes pour 30 enfants qui se tortillent d'envie. Sauf dans les endroits révolutionnaires où on a décidé que les enfants pourraient aller aux toilettes quand ils ont envie).
- Dépêche-toi de finir ton travail ou tu seras obligé de rester pendant la récréation.
- Dépêchez-vous de vous mettre en rang.
- Dépêchez-vous de vous laver les mains (non finalement, on n'a pas le temps de se laver les mains… tu veux faire pipi ? tu feras après. Tu n'avais qu'à y penser à la récré).
- Dépêchez-vous de manger sinon vous n'aurez pas le temps de jouer dehors.
- Et le soir : finis vite ton gouter pour aller faire tes devoirs.
- Dépêche-toi de finir de manger
- Dépêche-toi d'aller te laver les dents
- Dépêche-toi d'aller te coucher !

Et vais-je oser le dire ? Oui ! « Dépêche-toi de dormir ! ». Les insomniaques apprécieront….

Bon, vous voyez le tableau ?

Du matin au soir, dès le plus jeune âge et même à la crèche, on n'arrête pas de se dépêcher et de presser les enfants.

Est-ce qu'on peut faire un arrêt sur image et se poser la question de l'effet que cela a sur nos enfants ?

Arrêt sur image : le matin quand il faut se préparer pour partir.

- Dépêche-toi de te mettre tes chaussures et ton manteau, dit la mère (le père)
*Arthur, 5 ans, fait une tentative de saisir sa chaussure. La pose. Met le pied dedans.*
- « zut, j'ai oublié un truc ». *La mère (le père) court chercher le truc oublié. Elle (il) revient.*
*Arthur est allongé par terre et joue avec un bout de lego trouvé sous l'armoire à chaussure. Il a un pied dans une chaussure et l'autre en chaussette.*
- « Mais c'est pas le moment de jouer ! Met tes chaussures ! Dépêche-toi ! »
*Arthur bouge à la vitesse d'un astronaute sorti dans l'hyper espace.*
*Sa mère se saisit des chaussures, l'assoit brutalement et monte dans les tours. Sa pression artérielle crève le plafond.*

Autre version : la poule sans tête.
Arthur se met à s'agiter, à se tromper de pied, n'arrive pas à enfiler la chaussure, se trompe de bras, ne trouve pas son bonnet….
Et là aussi, ça soupire et ça s'énerve !
Il faut bien se rendre compte que pour un enfant, « dépêche-toi », ça ne veut rien dire et en plus, il ne sait pas comment faire.
Dépêche-toi de manger : je dois mâcher plus vite ? Avaler tout rond ?
Dépêche-toi de t'habiller : je fais comment ? Je bouge les bras plus vite ? Je trépigne sur place ?
Dépêche-toi de dormir : je ferme les yeux plus forts ? Je respire plus fort ?
En fait, le « dépêche-toi » crée de la confusion parce que l'enfant ne comprend pas qu'il doit faire les choses plus rapidement sans s'arrêter, en enchaînant une suite de comportements complexes qu'il n'a pas encore acquis. Il est juste influencé par le stress de l'adulte et ça le stresse à son tour. D'où l'agitation sans effet ou la lenteur exaspérante.

Alors, d'abord, une information importante :

Un enfant a besoin d'une dizaine de minutes pour mettre chaussures et manteau le matin.

Ce n'est pas la peine de croire qu'il pourra faire plus vite. C'est comme si on vous mettez directement sur une piste noire, alors que vous savez à peine skier, en vous disant « allez ! Dépêche ! ».

En plus du stress, on envoie à l'enfant un message d'incompétence : tu es lent. Non, il n'est pas plus lent qu'un autre. Il a juste besoin du temps nécessaire pour faire les choses. Et c'est à vous, l'adulte, d'adapter le temps à la réalité de ce que l'enfant peut faire.

Tout comme les ATSEM du groupe de formation, vous pouvez tester d'arrêter de dire « dépêche-toi » et plutôt dire aux enfants ce qu'ils doivent faire :

- Mets tes chaussures. Et attendez que ce soit fait.
- Pose ta tartine. Il faut aller mettre les chaussures. Et attendez que ce soit fait.
- Monte dans la voiture. Et attendez que ce soit fait.
- Attache-toi. Et attendez que ce soit fait.
- Met tes chaussons. Et attendez que ce soit fait.

Tous ces actes ne sont pas anodins. Ils font partie de l'apprentissage des actes de la vie quotidienne et requièrent l'usage de compétences fondamentales. Ils sont aussi importants que les leçons de piscine, le baby-tennis ou le parcours de motricité. S'habiller, manger, monter dans la voiture sont des activités et pas uniquement des mauvais moments à passer. Et les enfants ont besoin que l'adulte reste là quand ils font. C'est un regard contenant. Si vous partez, ça part en cacahuète !

Alors, testez et dites-moi ce que vous en pensez.

## Réhabiliter les conflits

*Juin 2016*

Je ne sais pas comment ça se passe pour vous mais moi, je suis de plus en plus irritée par les blogs, posts sur Facebook, les segments vidéo d'1mn30 hypersimplificateurs qui, au prétexte de nous apprendre des choses sur comment éduquer sans crier etc., finissent par être insupportablement naïfs et totalement culpabilisants !

Bref, passé à la moulinette de l'obligation de faire du buzz, d'attirer l'attention, ce qui relève de l'éducation sans violence devient un ramassis de trucs mous, sans substance et horriblement bienpensants : « non, ce n'est pas bien de sentir la colère qui est un sentiment négatif... c'est le stress, ma pauvre dame... respirez... prenez du temps pour vous.... Expliquez les choses sans crier et les enfants vous écouteront.... ».
Au secours ! La médiatisation ne supporte pas la complexité (10 solutions pour ça, 3 éléments à ne jamais oublier, 7 points-clés d'une méthode infaillible) et heureusement, l'éducation et l'élevage des enfants requièrent de la complexité.
D'où mon titre : réhabiliter les conflits.
Non, on n'est pas au pays des bisounours.
Les conflits avec les enfants existent.
Oui, on crie.
Oui, on est stressé.e, fatigué.e.
Non, on ne se contrôle pas toujours.
Mais la question est : est-ce toujours négatif ?
La version médiatique des méthodes d'éducation sans violence promet

- Une vie sereine et sans nuage (on habite en été. on mange dans le jardin.... Quel manque d'imagination. Pourquoi le bonheur serait-il l'été ? Moi j'aime la neige et le froid).
- Un bonheur familial : version chicorée ou Nutella, tout le monde est bronzé.
- Des enfants qui obéissent avec plaisir : « oh, oui maman, je comprends que ce que tu me dis est pour mon bien et je vais m'empresser de faire ce que tu demandes. Oh, je t'aime

maman ! » (Beurk, on se croirait dans la petite maison dans la prairie).

Alors oui, je suis tout à fait d'accord avec l'éducation sans violence mais pas la version « pub télé », la version « prêt-à-penser » qui simplifie à outrance et culpabilise les gens. Après tout, c'est facile. Il y a qu'à… il suffit de… Et, si vous n'arrivez pas, vous n'êtes pas des bons parents…

**« Oh, mon dieu, je me suis engueulé.e avec ma fille/mon fils. Je suis nul.le. J'ai tout raté ! »**

Comme je l'ai exposé dans une conférence parentalité, à Marly le Roi (merci au café des parents de Marly pour leur invitation et pour le bon boulot qu'ils font dans un véritable soutien à la parentalité), les conflits ne sont pas forcément un constat d'échec.
Les conflits ne sont pas synonymes de violence.
L'agressivité ou la colère qui se dégagent lors d'un conflit ne sont pas forcément de la violence, même s'ils ne sont pas agréables à vivre.
Un conflit, c'est le signe qu'il y a un problème qu'il faut résoudre.
La violence, c'est chercher à supprimer l'autre qui est considéré comme étant LE problème. S'il n'est plus là, plus de problème.
Le conflit est différent : c'est une tentative de résoudre un problème en allant chercher l'autre. D'ailleurs, vous avez remarqué ? Un conflit non résolu fait qu'on y revient encore et encore. Donc on cherche à le résoudre encore et encore. Et comme on n'a pas toujours les solutions, les méthodes, la force, le courage, le temps pour résoudre les problèmes, on n'y arrive pas. On a alors besoin d'aide pour aller au fond des choses.
Alors, pourquoi réhabiliter les conflits ?

Parce que les conflits ne montrent pas qu'on est nul comme parent mais que les besoins de nos enfants entrent en collision avec les nôtres, notamment à l'adolescence.

*Je précise aussi que je parle ici uniquement des conflits avec les ados, pas les moins de 12 ans.*

Le conflit est l'occasion d'apprendre des choses importantes :

- Apprentissage des limites : ton besoin n'est pas forcément plus important que le mien.
- Apprentissage de la vie collective : tu n'es pas le centre du monde et si tu ne prends pas en considération les besoins des autres, ils vont te le rappeler.
- Apprentissage de la résolution de problème et de la gestion des conflits : c'est une compétence importante. On apprend que les conflits sont faits pour être résolus et pas ruminés !
- Comprendre que l'on peut être en conflit sans rompre le lien avec l'autre.

Évidemment, il y a des précautions à prendre :

- La confrontation ne doit pas tourner à la violence. C'est un risque qui existe à l'adolescence.

Il faut donc dire les choses rapidement pour éviter l'effet cocotte-minute (le couvercle qui pète quand la pression est trop grande et là, tout le monde prend ! Même ceux qui n'y sont pour rien.
Les américains ont une expression bien imagée que j'adore : « The shit is going to hit the fan », c'est-à-dire, la merde va toucher le ventilateur… On imagine aisément les dégâts…

- Il faut choisir ses combats. On ne peut pas confronter sur tout, tout le temps car sinon on ne fait que cela.
- Ne pas oublier qu'on ne change pas les PENSEES des personnes mais on change les COMPORTEMENTS. « Tu as le droit de penser ce que tu veux. Tu n'as pas le droit de faire ce que tu veux »

Avec certains ados, les conflits peuvent être longs, durs et éprouvants.

Ce n'est pas forcément un signe d'échec des parents. C'est le signe que les enfants sont des êtres à part entière et qu'ils ne sont pas réductibles à l'éducation qu'ils ont reçu.

La grandeur du parent, c'est d'être là, jour après jour et de tricoter, du mieux qu'il peut, des solutions, du dialogue et de la protection.

Mon plus profond respect aux parents qui osent la confrontation avec amour.

## " Je te fais confiance "

*Juillet 2016*

La confiance en soi ou en l'autre est un thème qui revient souvent dans les discussions avec les parents.
Et l'expression « je te fais confiance ? » ou « je ne peux pas lui faire confiance » revient souvent.
Ça m'a obligé à bien réfléchir sur le sujet.
D'abord, j'ai surtout réfléchi au « je te fais confiance ».
On peut l'interpréter de plusieurs manières
- Je te fais confiance ! plein d'assurance qui ressemble fort à une injonction. Si je le dis assez fort, il va y croire et il fera ce que je dis. Ex « je te confie l'argent pour le pain. Je te fais confiance ». Traduction du message caché : je te préviens, tu n'as pas intérêt à perdre l'argent du pain ou à le dépenser pour autre chose, sinon ça va barder !
- « je te fais confiance ? » en mode supplication. Ex : « tu veux rentrer en vélo tout seul de l'école ? j'espère que je peux te faire confiance ? » Traduction : j'ai la trouille que tu te fasses écraser et j'espère que tu sens bien ma peur et que ça va t'éviter de faire des bêtises.

- « est-ce que je peux te faire confiance » en mode manipulation. Ex. j'aimerai que tu ailles acheter le pain. Est-ce que je peux te faire confiance pour y aller ? ». Traduction : Ça m'ennuie au plus haut point d'aller chercher le pain mais j'essaie de te persuader que c'est un grand signe de reconnaissance envers toi pour que tu te sentes flatté d'y aller. (bon, là, vous allez peut-être trouver que j'exagère. Mais réfléchissez bien… n'avez-vous jamais eu recours à cet expédient ? allez, soyez honnête…)

Bon alors, c'est quoi l'idée de la confiance ?
D'abord, éliminons le troisième cas, celui de la manipulation. Il n'est intéressant qu'à un titre. Si les enfants répondent (un temps) à ce type de manipulation, c'est parce qu'ils ont soif de nous montrer qu'ils sont capables.
Dans les deux autres cas, la confiance relève de l'acceptation par les parents de leur vulnérabilité.
Autrement dit, faire confiance à son enfant (ou à son conjoint, son collaborateur, sa femme de ménage, son plombier…), c'est accepter qu'on est vulnérable. Leurs actes, leur bien-être ont un impact sur nous et notre bien-être. (C'est vrai aussi pour votre plombier. Vous croisez les doigts qu'il soit bon parce que vous êtes dépendant.e de son travail…et quand vous en avez trouvé un bon, vous le gardez même s'il est cher car la tranquillité d'esprit n'a pas de prix).

- Je suis vulnérable quand j'autorise mon enfant à aller en vélo à l'école car je sais que je ne pourrais pas le protéger à ce moment.
- Je suis vulnérable quand je donne les sous du pain parce qu'il est possible que mon enfant prenne des décisions inappropriées.
- Je suis vulnérable quand j'accepte que mon enfant sorte avec des copains et que je ne peux pas contrôler s'il se met en danger.

Oui, pour les parents, c'est certainement la chose la plus difficile : se rendre compte qu'il faut bien qu'on lâche un peu nos enfants pour qu'ils deviennent autonomes mais qu'en même temps, cela signifie ne plus être en capacité de les protéger !

Alors, pour éviter l'angoisse, on peut
- Les cloitrer jusqu'à 18 ans (mais c'est reculer pour mieux sauter)
- Les angoisser en leur parlant de la confiance qu'on leur fait…
- Se manger les ongles jusqu'aux cuticules à 3h du matin en attendant qu'ils rentrent avec la voiture.
- Ou bien, on peut apprendre à évaluer la mesure de la vulnérabilité que l'on accepte sans trop stresser !

Si j'envoie mon enfant chercher le pain, je ne suis pas obligé.e de lui donner 50 euros. On peut commencer par 3 euros. S'il les perd, c'est moins grave !

Je peux demander à mon enfant de suivre un itinéraire précis pour aller à l'école en vélo et je peux le faire une fois avec lui pour lui indiquer les endroits où il faut être vigilant.

Quand j'accepte que mon enfant aille à une soirée, je peux lui donner une heure limite pour rentrer et demander les numéros de portables de certains de ses amis.

Bref, en tant que parent, il est tout à fait légitime de mettre des limites car elles sont synonymes de protection. Mais, il est aussi nécessaire de mesurer le degré de vulnérabilité auquel on accepte de s'exposer car il y a toujours des étapes à franchir pour laisser de l'autonomie à son enfant.

Il faut bien les laisser rentrer de l'école à pied, prendre le métro ou le train, aller chez des amis en vélo, prendre la voiture…

Alors au lieu de répéter : « je te fais confiance » tout en priant qu'il ne se passe rien, il vaut mieux évaluer les dangers clairement et honnêtement et décider des règles qui ne permettront à cette expérience de ne pas se transformer en catastrophe. Il faut savoir dire

« non » quand ça s'impose et dire « oui » quand c'est pertinent. Protection n'est pas surprotection !

Et surtout, la mesure pertinente est celle du danger. Protégez vos enfants des dangers mais pas des inconforts. Les enfants doivent aussi faire des expériences désagréables en conséquence de leurs actes et de leurs choix. C'est comme ça qu'on apprend.

# Halte au curling !

*Janvier 2017*

J'espère que mon titre aura aiguillonné votre curiosité !
Je vous imagine déjà en train de vous demander si je suis influencée par les jeux olympiques ou si j'ai dégoté une étude obscure liant curling, tendinite des coudes et parentalité…
Et bien non ! Je veux parler de ce que les américains appellent « les parents curling ».
Si vous ne connaissez pas ce sport, imaginez-vous sur une patinoire en train de brosser frénétiquement la glace pour faciliter la progression d'une « pierre » de quasiment 20 kg. L'objectif est de s'approcher le plus possible d'une cible. Bref, si vous voulez en savoir plus sur le curling, allez voir votre encyclopédie préférée. Même une vieille encyclopédie fera l'affaire car le curling est sport olympique depuis 1924.
Alors pourquoi cette notion de « parents curling » ?
Et bien cela sert à décrire des parents qui tentent par tous les moyens d'aplanir la moindre difficulté que pourraient rencontrer leurs enfants.
Avec passion et véhémence, ils anticipent, protègent, négocient, argumentent, exigent, cajolent l'environnement pour que leurs enfants ne subissent aucune contrariété.
Il est facile de se moquer de ces parents, de les tourner en ridicule.
Mais on peut aussi, tous autant qu'on est, se reconnaitre dans ces parents qui tentent de faire que la vie de leur enfant soit la meilleure possible.
Après tout, c'est pour la bonne cause que le parent accepte d'arranger un mot dans le cahier, pour une absence, un travail non fait…
C'est pour une bonne cause que l'on accompagne son enfant jusque devant l'employeur lorsqu'il cherche un stage…

C'est pour la bonne cause qu'on lui achète un smartphone comme les autres...
C'est pour la bonne cause qu'on ne le laisse pas marcher jusqu'à l'arrêt de bus...
C'est pour la bonne cause qu'on lui donne de l'argent alors qu'il a dépensé le sien...
C'est pour la bonne cause qu'on exige que l'école ait des maillots de bain en plus au cas où un enfant oublierait le sien....
Oui, c'est pour la bonne cause.
Ou pas ?

Evidemment, comme toujours, tout est dans la mesure.
Mais cette volonté d'aplanir toute difficulté pour que l'enfant n'ait que des bons moments et ne souffre jamais d'inconfort a quand même des effets pervers :
- L'enfant n'apprend pas les conséquences de ses actes et donc il n'apprend pas des compétences importantes. Comment apprendre à ne pas oublier ses affaires si quelqu'un le fait tout le temps pour vous ? Comment comprendre qu'il faut manger à table si vous n'expérimentez pas la faim ? comment comprendre qu'il faut arreter d'embêter les autres si on ne fait pas l'expérience de se faire mordre ou taper quand on a dépassé les bornes ?
- L'enfant n'apprend pas qu'il n'est pas le centre du monde. Il continue à penser qu'il n'a pas besoin de se préoccuper des autres. Je vous jure que vous n'avez pas envie de travailler avec lui quand il sera adulte
- L'enfant ne développe pas de stratégie pour surmonter les difficultés et il devient exagérément fragile.

Alors je sais que les parents curling, c'est toujours les autres (non, c'est sûr, je n'ai jamais fait ça, moi. Jamais je ne suis intervenue alors que j'aurais dû laisser mes enfants vivre les conséquences de leurs actes).

Mais si vous vous posez vaguement la question, face à certaines situations, posez-vous les 4 questions suivantes, développées par Jean Illsley Clarke, Connie Dawson et David Bredehoft dans leur livre « How Much Is Enough », malheureusement pas traduit en français/

- Cette situation empêche-t-elle mon enfant d'apprendre des tâches nécessaires à son développement ? comme se faire à manger, gérer son argent, arrêter d'embêter les plus grands, s'endormir seul, faire face à des situations sociales inconfortables, prendre le temps d'écouter des informations avant de faire face à une situation particulière....
- Cette situation donne-t-elle un montant disproportionné des ressources (temps, argent...) familiales à l'un des enfants de la famille ? trop d'argent pour le rachat de matériel détruit qu'il faut racheter, trop d'argent pour acheter des choses aux enfants plutôt qu'aux parents, trop de temps consacré aux activités des enfants au détriment de celles des parents....
- Cette situation est-elle au bénéfice du parent plutôt que celle de l'enfant ? ah, oui, car le problème, c'est que c'est satisfaisant pour le parent de montrer qu'il est un bon parent et que tout roule pour son enfant. Donc exit les conflits et les prises de tête ! Je suis un parent attentif et je te rachète tout ton matériel. Tu ne peux quand même pas être puni parce que tu n'as plus ton stylo 4 couleurs....Regardez, je suis un bon parent, mon enfant fait du sport, de la musique et je l'emmène au musée, au ciné....
- Le comportement de l'enfant porte-il potentiellement préjudice aux autres, à la société ou la planète ? ah oui, parce que si le parent est légitime à prendre en considération les besoins de son enfant, les besoins du reste du monde sont aussi à prendre en considération et surtout, il ne faut pas confondre besoin et désir. Non, mon enfant n'a pas besoin de faire du patin sur le parquet avec les CD de son oncle sous les pieds. Oui, il a besoin de bouger. Non, mon enfant n'a pas

besoin de jouer à jeter des raisins par terre parce que j'ai garé le caddy trop près du rayon fruit. Non il ne peut pas comprendre le danger s'il a deux ans mais moi, l'adulte oui. Et oui la dame qui fait une remarque a raison. Ce n'est pas agréable de se casser le col du fémur en glissant sur un raisin au supermarché. Non, il n'y a pas de besoin particulier des ados à rester 45 mn sous la douche. Ce n'est bon ni pour la planète, ni pour mon portefeuille !

Voilà, maintenant, il n'y a plus qu'à !

Plus qu'à réfléchir avant de se précipiter au secours de son enfant pour que sa vie ne soit qu'une succession de plaisirs et de bon temps.

La frustration, les inconforts ne sont pas les scories d'un passé d'avant les années 70 auxquels nos enfants devraient échapper pour se développer sans névrose. Ils sont, au contraire, des expériences inévitables de l'apprentissage de la vie collective, de la socialisation et du développement pour devenir un adulte aimable et responsable.

## Uniforme à toutes les sauces

*Mars 2017*

C'est marrant comme, régulièrement, l'uniforme à l'école revient sur le devant de la scène, comme une promesse de solution aux maux de l'école.

L'élection présidentielle est propice à ce genre de déclaration : une solution simple qui n'engage pas trop et qui semble frappée au coin du bon sens.

Mais bon, personnellement, je me méfie beaucoup des solutions simples aux problèmes compliqués !

Alors, à quoi peut bien servir un uniforme à l'école ?

Pour certains, il permettrait de rendre aux élèves une fierté de leur école. Et ils citent l'exemple des Etats Unis où les jeunes aiment à porter les couleurs de leur éccle.

Allez, soyons sympas. Ça pourrait. Même en France.

Mais il faudrait prendre le truc dans l'autre sens.

Ce n'est pas parce que les enfants ou les ados ont les tee-shirts de l'école qu'ils en sont fiers.

C'est plutôt l'inverse. Et là, ce n'est pas gagné ! Pourquoi ? Parce qu'il y a peu d'écoles en France qui ont des identités fortes et qui représentent un idéal. Aux Usa, la moindre école avec son équipe de foot, de natation, sa fanfare etc représente un vrai lieu de vie collective qui est bien différent de nos écoles bouclées à double tour dès la sortie des classes.

Bon, check, c'est foutu, sauf si vous êtes dans une école très particulière.

Autre argument pour l'uniforme : cela éviterait la présence des marques et tout le monde serait pareil.

Réduire le malaise présent dans certains établissements à une compétition à partir des marques semble un peu réducteur sauf peut-être dans des établissements qui abritent des bandes délinquantes qui s'identifient avec des vêtements.

Poussons le raisonnement pour le plaisir : donc si on a un uniforme, plus de marques et tout va bien. On est tous pareils.

Bon, il faudra alors prévoir d'acheter l'uniforme par l'intermédiaire de l'école et ne pas oublier les chaussures, les cartables, les manteaux etc...

Mince, on fait comment avec les bagnoles des parents ? Un achat groupé de Clio ?

Bien oui, même si on n'a pas de marques, on pourra continuer à lire la différence sociale facilement avec les autre indices que tout le monde est capable de reconnaitre du premier coup d'œil : la voiture, la façon de parler, de se coiffer, l'état de la dentition, les fournitures scolaires, les lieux de vacances....

Donc, l'uniforme ne peut pas supprimer les signes d'appartenance sociale. Et pour la petite histoire, une étudiante m'a fait part de son expérience aux Antilles dans une école privée avec uniforme acheté à l'école. Les élèves étaient placés dans la classe en fonction de l'appartenance sociale des parents : le haut de la pyramide sociale devant et la plèbe derrière.

Aie, donc ça ne marche pas.

Et pour les nostalgiques des blouses : même verdict ! Ma grand-mère maternelle, qui les a bien connues, m'a raconté qu'il y avait blouse et blouse. Parce qu'entre la blouse avec un tissu de qualité (même noir) et la vieille blouse récupérée d'une sœur, il y a une différence qui crève les yeux. Et je ne parle même pas des boutons ! Et oui, comme les blouses devaient être noires, les mères essayaient de les égayer avec des boutons de couleur. Et là encore, il y a boutons et boutons...

Donc on est foutu pour lutter les injustices sociales ?

Non, mais pas à coup de blouses. (Coup de blues ?).

Personnellement, je serais d'avis d'exposer directement les faits aux élèves et de les faire réfléchir.

Oui, il y a des classes sociales différentes et il n'est pas difficile de distinguer assez rapidement à quelle classe on appartient. Ça se voit.

Mais entre appartenir à une classe sociale et subir des préjugés sur son intelligence, sa personnalité ou ses compétences, il y a un grand saut qui est à mettre en évidence, à exposer sans pitié et à travailler.

Mais évidemment, travailler sur le jugement, c'est plus dur que d'instaurer un uniforme.

J'ai encore une hypothèse sur l'envie de l'uniforme : peut-être qu'on pense qu'en rendant tout le monde uniforme, on transformera les enfants de l'école en élèves obéissants, unités interchangeables d'un collectif.

Alors oui, l'uniforme peut transformer. L'uniforme transforme en pompier, en gendarme, en infirmière… Il donne une identité endossée (c'est bien le mot) à celui qui l'enfile et une identité reconnue par les autres qui ne font pas partie du groupe. Mais clairement, l'uniforme ne suffit pas pour créer un groupe. Il n'est qu'un élément symbolique fort qui n'existerait pas sans l'identité de la profession.

Et franchement, la profession d'élève soulève rarement un enthousiasme délirant…

Et je me demande aussi : Qui choisirait l'uniforme ? Les filles seraient-elles obligées de mettre des jupes ?

Donc, pour l'instant, je ne suis pas fan de l'uniforme à l'école et ce que j'en vois dans des films anglais ou asiatiques ne me convainc pas, surtout dans la reproduction des stéréotypes garçons-filles.

En ce qui concerne l'Afrique, j'imagine que l'uniforme a été imposé parce qu'on n'avait pas envie d'enseigner à des enfants à moitié nus. Ça ne devait pas correspondre à l'image que les européens se faisaient d'un écolier….Du coup, certains enfants sont privés d'école si les parents ne peuvent pas payer l'uniforme….

Nathalie Goursolas Bogren

# A PROPOS DE L'AUTEURE

Consultante en éducation et formatrice depuis presque 15 ans, Nathalie Goursolas Bogren accompagne des professionnels de l'éducation et du secteur médico-social ainsi que des parents. Avant même que le mot parentalité ne rentre dans le dictionnaire, elle s'est passionnée pour l'éducation au quotidien et son aspect de prévention. Dans ce recueil des articles publiés sur son blog, elle partage ses coups de gueule et ses réflexions sur ce qui est le plus vieux métier du monde.

www.ingramcontent.com/pod-product-compliance
Lightning Source LLC
Chambersburg PA
CBHW071300040426
**42444CB00009B/1808**